中　国　少　数　民　族　会　话　读　本

国家社科基金重大委托项目
《中国少数民族语言文化研究》成果

中国社会科学院创新工程学术出版资助项目

朝　克／主编

独龙语
366 句会话句

少数民族语
汉英日俄

对照

李爱新　杨将领／著

社会科学文献出版社
SOCIAL SCIENCES ACADEMIC PRESS (CHINA)

总　序

　　我国正处在文化大发展、大繁荣的美好时期。十七届六中全会上，以全会名义提出文化事业繁荣发展的纲领性指示精神。这为我国文化事业的发展奠定了雄厚的思想理论基础，并指明了未来很长一段时期内文化事业科学发展的总路线。我们必须不失时机地紧紧抓住文化事业发展的大好机会，为我国古老文明的挖掘、整理、抢救、保护、传承和繁荣发展作出新的贡献，为我国的文化事业增添新的光彩、新的辉煌。我国是一个由多民族组成的和谐文明的国家，在这个大家庭里，各民族同胞互相尊重、和谐相处、相互学习、取长补短、共同努力、团结共进，用他们共同的劳动和智慧建设着美好的家园。

　　不过，我们同时也深刻感受到，在科学技术日益普及，经济社会快速发展，以及不同外来语言文化的直接或间接影响下，我国各民族的语言文化正不断走向濒危

或严重濒危。一些人口较少民族的语言，只有极其少数的传承人会讲、能懂、会用，而绝大部分人已经不再使用或不太熟悉了。在这关键时刻，我国政府高瞻远瞩地明确提出，要用最大的努力使不同民族的语言文化共同繁荣发展，要不惜代价地抢救和保护那些已经进入濒危或严重濒危状态的民族语言文化。这也是我们决定实施本项课题的初衷所在。

我们想通过本项课题，将我国55个少数民族的366句口语用特定符号系统转写下来，同时用汉语、英语、俄语、日语进行意译。这是为了：（1）让更多的人参与到对我国民族语言文化的抢救、保护、学习、传承的伟大事业中来；（2）抢救和保护濒危民族语言口语及其话语资料、口语历史文献等；（3）尽量对外传播我国55个少数民族语言口语及其会话知识。

但愿我们的这项工程能为我国民族语言文化的抢救、保护、传承、弘扬，为迎来我国各民族语言文化大繁荣大发展的美好时代起到积极的推动作用。

Preface

Now, China is in a time of cultural development and flourishing. In the Sixth Plenary Session of 17th CPC Central Committee, the programmatic instructions for cultural development were put forward. This laid a strong ideological and theoretical foundation for China's cultural development, and also marked its direction. We must grasp firmly this excellent opportunity for cultural development and do something to contribute toward the excavation, sorting, rescue, protection, transmission and development of China's advanced culture and ancient civilization. China is an ancient civilization where many ethnic groups coexist harmoniously. In China, members of all ethnic groups respect one another, get along harmoniously, learn from one another, and work together in unity in order to build a beautiful country.

However, we can see that our nation's linguistic culture

is constantly facing dangers, under the direct and indirect influences of the growing role of science and technology in everyday life, rapid economic and social development, and a variety of foreign languages and culture. For the language and culture of minority nationalities with very small population, only a few people can speak and understand them. Most people can't speak their ethnic language or have become less familiar with it. At this critical moment, the government has asked us to make the efforts to accomplish the flourishing and development of all different ethnic languages and their cultures at all costs, and to save and protect our ethnic languages and cultures. This is the reason why we implemented this project.

The purpose of this project is to put together 366 sentences used in everyday conversation in 55 ethnic minority languages by recording them using specific symbolic systems. We then translate them into Chinese, English, Russian and Japanese. This is to: (1) allow more people to participate in the rescue and protection of our nation's ethnic languages and cultures, and to learn and inherit them; (2) rescue and protect our nation's ethnic languages, oral materials pertaining to their spoken form and oral historical documents, especially the critically endangered ethnic languages; (3) strengthen as far as possible the international communication about China's 55 minority ethnic languages in their spoken form and knowledge about their dialogues.

We hope that this project can play an active role in the process of rescuing, protecting, developing and enriching our nation's ethnic language and culture. And we hope the project will help usher in a new era of shared flourishing of all of our nation's ethnic languages and cultures.

Предисловие

В данный момент наша страна встречает своё самое хорошее время, когда быстро развивается и процветается наша национальная культура. На 6 – м пленуме ЦК КПК 17 созыва выдвинулся программый курс на развитие и процветание культуры нашей страны, который заложил теоретическую основу и генеральную политику развития культуры Китая в будущем перспективном времени. Мы должны хорошо пользоваться таким случаем и всеми силами искать, упорядочить, спасать, защищать и наследовать китайскую цивилизацию и внести новый вклад в культурное дело нашей страны.

Наша страна – это древнее и многонациональное государство, в котором все национальности, как в одной семье, уважают друг другу, учатся друг другу, перенимают положительно друг у друга, дружно живут и работают, совместно строят свою прекрасную Родину.

В то же время мы и глубоко сознаем, что попав под влиянием глобазации во областях экономики и научно – техники всеобщее состояние языковой культуры нацменьшинств нашей страны очень печальное и беспокойное, она даже идёт на краю гибели. Сейчас только мало людей из нацменьшинств умеет говорить, понимать, использовать свой национальный язык. А большество нацменовских людей уже не говорят или не могут хорошо знать своего национального языка. Наше правительство на это обращает большое внимание и решает изо всех сил стараться спасти и защитить нацменовские языки и нацменовскую культуру нашей страны. Вот почему мы решили взяться за такую задачу – редактирование серию книг 《366 фраз диалогических речей по 55 национальностям Китая》.

Редактируя ряда таких книг, мы хотим, чтобы побольше людей могли участвовать в дело спасения, изучения, наследования и защиты национальных языков, чтобы спасти и защитить разговорный язык и письменные документы национальных культур, которые уже на краю гибели, чтобы широко распространять диалогических речей и языковые знания по 55 национальностям Китая.

Надеемся на то, что наша работа сможет принести большую пользу в наследование и защиту национальных языковых культур нашей страны. Мы верим, что уже приходит новая эпоха процветания национальных языковых культур нашей страны.

はしがき

　私達の国は、今、文化が大きく発展しつつあり、政府も、中国共産党第十六回大会第七次全体会議において、文化事業の発展に関する幾つかの方針を示したが、それは、今後の発展の思想的、理論的基礎を固めただけでなく、将来の科学的発展の路線を示すものでもあった。したがってこれを契機に、私達の国の文化および古代文明の発掘、整理、保護、伝承に関する事業は、新たな輝かしい成果を得ると考えて良いだろう。

　私達の国は、多民族が調和の中に暮らす文明大国である。各民族が互いを尊重し、友好的に接し、互いに学び、共に努力し、一致団結のもと、協働と共同の知恵によって、美しいホームランドを形づくっているのである。

　しかしその一方、現代の科学技術の普及や経済発展、様々な外来言語文化の直接? 間接の影響などによっ

て、各民族の伝統的な言語文化が、深刻な存続の危機に瀕しているのも事実である。特に、人口の少ない一部の少数民族にあっては、自分達の伝統文化や言語を解する人が、極めて少人数になっている。このような現状に鑑み、私達の国は、自国の将来を見据え、最大の努力を尽くして各民族の言語文化を発展させること、また多大な代償をはらっても、深刻な存続の危機に陥っている言語文化を保護することを明確に示した。そしてこれは、私達がこのプロジェクトを実施する上での初志であると同時に、目的でもあるのである。

　プロジェクトを通じて、私達は366句の会話を、各55の少数民族の特定された記号システムによって転写し、その上に中国語、英語、ロシア語、日本語の訳文を付した。その目的は、（1）大勢の人々に対し、我国民族言語文化の保護、学習、伝承事業への参加を促すため、（2）深刻な存続危機に瀕している民族言語の口語資料、口語歴史文献などを保護するため、そして（3）出来る限り我国55の少数民族の口語と会話資料を、対外的に広め、伝えるためである。

　このプロジェクトが、私達の国の民族言語文化の保護、発展、繁栄を促し、さらなる発展に寄与し、素晴らしい時代を迎える力になることを願ってやまない。

目　录

前　言 ……………………………………………… 1

凡　例 ……………………………………………… 3

独龙语语音系统 ………………………………… 5

独龙语 366 句会话句 …………………………… 1

  （一）gvm a kri

    （问候/Greetings/Приветствие/挨拶） ………… 1

  （二）kyeum vsvng

    （家庭情况/Family/Семья/家庭） ………… 17

  （三）kei sa

    （餐饮/Food and Drink/Поставка/飲食） ………… 22

  （四）shosha

    （学校/School/Школа/学校） ……………… 33

  （五）kungco wa

    （工作/Work/Работа/仕事） ……………… 44

  （六）vngji、mvlong

    （时间、交通/Time and Transportation/

    Время、Коммуникация/時間、交通） ……… 54

（七）nvm

（天气／Weather／Погода／天気）················· 61

（八）tyenhua deu

（打电话／ Phone Call／Позвонить／電話をかける）··· 66

（九）wa pvdeu vya

（兴趣／Hobbies／Вкус／趣味）················· 70

（十）chehun wa，kyeum vsvng

（婚姻、家庭／Marriage & Family／Брак и Семья／

結婚、家庭）················· 75

（十一）mvn kyeum

（医院／Hospital／Больница／病院）················· 86

（十二）svra wvn

（购物／Shopping／Покупка／買い物）············· 100

（十三）chicang do

（机场／At the Airport／Аэропорт／空港）········· 111

（十四）pingkuan

（宾馆／Hotel／Гостиница／ホテル）············· 124

（十五）luiyeu wa

（旅游／Travel／Туризм／旅行）················· 138

独龙语基础词汇 300 例 ················· 150

独龙族节日 ················· 170

后　语 ················· 171

— 2 —

前　言

　　独龙族是跨境民族，主要分布在我国云南省西北部的怒江傈僳族自治州、贡山独龙族怒族自治县境内和缅甸北部的克钦邦境内。在地域上，中缅两国独龙族人民居住区山水相连。贡山独龙族怒族自治县是我国独龙族唯一的聚居区，根据 2000 年全国人口普查统计，独龙族总人口为 7426 人。

　　独龙族历史上没有统一的族称，各地的自称往往与其居住地或河谷的名称相同。独龙族在元、明、清时代的汉文文献中曾被称为"撬""俅人"，新中国成立后，根据本民族的意愿，正式定名为独龙族。

　　缅北独龙族统称为"日旺（rvwang）"，历史上都是从我国迁移过去的，人口不详，自称有 10 万余人。"日旺"直译是"江河"，这个统称是 20 世纪二三十年代后，随着民族意识的觉醒，各支系领袖人物协商的结果。

独龙族在历史上没有本民族文字，以刻木、结绳记事传递信息，靠口耳相传的神话、传说传承文化传统，维系民族感情。独龙语属汉藏语系藏缅语族，关于它的语支归属学术界尚存分歧。独龙族崇信"万物有灵"的原始自然宗教，20世纪二三十年代后，西方基督教传入独龙族地区，部分独龙族皈依了基督教。缅北的独龙族则全民改信基督教，他们以人口最多的"曼汪"（mvt-wang）支系话作为标准语制定文字，印刷《圣经》等各种宗教书籍和图书。我国民族语言工作者在20世纪80年代创制的独龙族文字，就是以缅甸独龙族"日旺文"为基础的。

独龙族繁衍生息在山河纵横、谷深林密的横断山脉，由于地处偏僻、山河阻隔、交通闭塞，独龙族社会发展一直很缓慢，直至1950年，独龙族社会尚处在原始的父系氏族公社解体时期。新中国成立后，依据民族区域自治原则于1956年10月建立了贡山独龙族怒族自治县。新中国成立60多年来，在国家的扶持下，独龙族地区的文教、卫生、工业、农业、金融、交通、邮电、通信等各项事业从无到有，已经发生了翻天覆地的变化。

凡　例

一、独龙语会话资料尽量选用与人们现代生活联系较为密切的366个短句。选择这些短句，主要是为了使人们易学、易记、易掌握、易使用。有些短句使用独龙语表达，可能会长一些。

二、会话中使用独龙语表达比较困难或译说相当麻烦的个别内容，直接用独龙语中意义相近的习惯用语形式取代。

三、本书中的独龙语会话资料，主要使用了贡山独龙族怒族自治县独龙江乡孔当村独龙语口语调查资料。

四、文字是独龙文书写符号，为了便于读者学习，在"语音系统"部分［］内使用国际音标标注说明。

五、独龙语有三个固定音高（声调），但区别意义功能不强，因此独龙文中没有标记声调。

六、本独龙语动词有人称、体、态、方向、式等的变化，主要使用成音节的黏着性前缀、后缀表示，对这

些语法成分本书不作标记。

七、本书中选定的300个单词也是与独龙族日常生活用语最为密切，并具有一定代表性的词汇成分。其中，名词最多，其次依次为动词、代词、形容词、数词，而副词、连词只是象征性地择取了一两个实例。不过，基础词汇尽量照顾到使用率较高的词条。

八、基础词汇部分选入的词汇，按照名词、代词、形容词、动词、数词、副词、连词的先后顺序进行排列。

九、在基础词汇表中，虽然尽量照顾到了366句会话资料里出现的诸多词条，但借词、复合词以及使用率较低的词等未纳入列表。

独龙语语音系统

一、声母。

b[b]	p[p]	m[m]	f[f]
w[w]	d[d]	t[t]	n[t]
l[l]	g[g]	k[k]	h[x]
ng[ŋ]	z[dz]	c[ts]	s[s]
r[ɹ]	j[dʑ]	ch[tɕ]	sh[ɕ]
y[j]	by[bj]	py[pj]	my[mj]
(ty)[tj]	(ly)[lj]	gy[ɟ]	ky[c]
hy[ç]	ny[ɲ]	bl[bl]	pl[pl]
ml[ml]	gl[gl]	kl[kl]	br[bɹ]
pr[pɹ]	mr[mɹ]	gr[gɹ]	kr[kɹ]
hr[xɹ]			

二、韵母。

i[i]	e[e]	a[a]	v[ə]
o[ɔ]	u[u]	eu[ɯ]	(yu)[y]

ai［ai］ ei［əi］ oi［ɔi］ eui［ɯi］

ua［ua］ ue［ue］ ui［ui］ uai［uai］

in［in］ en［en］ an［an］ vn［ən］

on［ɔn］ un［un］ eun［ɯn］ uan［uan］

uen［uen］ ing［iŋ］ eng［eŋ］ ang［aŋ］

vng［əŋ］ ong［ɔŋ］ ung［uŋ］ eung［ɯŋ］

uang［uaŋ］ il［il］ el［el］ al［al］

vl［əl］ ol［ɔl］ ul［ul］ eul［ɯl］

ual［ual］ er［eɹ］ ar［aɹ］ vr［əɹ］

or［ɔɹ］ ur［uɹ］ eur［ɯɹ］ uar［uaɹ］

im［im］ em［eɯ］ am［am］ vm［əm］

om［ɔm］ eum［ɯm］ ip［ip］ ep［ep］

ap［ap］ vp［əp］ op［ɔp］ eup［ɯp］

uap［uap］ it［it］ et［et］ at［at］

vt［ət］ ot［ɔt］ ut［ut］ eut［ɯt］

uat［uat］ uet［uet］ uit［uit］ ik［ik］

ek［ek］ ak［ak］ vk［ək］ ok［ɔk］

uk［uk］ euk［ɯk］ uvk［uək］ iq［iʔ］

eq［eʔ］ aq［aʔ］ oq［ɔʔ］ uq［uʔ］

euq［ɯʔ］ uaq［uaʔ］ ueq［ueʔ］ aiq［aiʔ］

eiq［eiʔ］ euiq［ɯiʔ］ uaiq［uaiʔ］

独龙语 366 句会话句

（一）gvm a kri
问　候
Greetings
Приветствие
挨　拶

1. na ma nvgvm?
　你　吗　好

你好吗？

How are you?

Как дела?

お元気ですか？

2. gvm gvm!
   好   好

   我很好!

   (I'm) Very well, thanks.

   Хорошо!

   元気です。

3. na vnggeu ma nvgvm?
   你   身体   好

   你身体好吗?

   How are you feeling today?

   Как здоровье?

   あなたの体調はいかがですか?

4. gvm o!
   好   的

   还可以!

   I'm fine.

   Нормально.

   まあまあです。

5. nga vnggeu chuq mvgvm o.
　 我　 身体 一点 不 好 噢

　　　我身体不太好。

　　　I'm not feeling well.

　　　Неважно.

　　　私の体調はあまりよくありません。

6. svrang gvm!
　 早　　　 好

　　　早晨好!

　　　Good morning!

　　　Доброе утро!

　　　おはようございます。

7. vhreui gvm!
　 晚上　 好

　　　晚上好!

　　　Good evening!

　　　Добрый вечер!

　　　今晚は。

8. na yaq vlang ma naban?
   你　最近　　吗　有空

   你最近忙吗？

   Have you been very busy?

   Ты занят?

   最近お忙しいですか？

9. nga mi vban.
   我　　有空

   我不太忙。

   I have not been very busy.

   Не очень занят.

   あまり忙しくないです。

10. nga mi tichuq sheu maban.
    我　　一点　也　没空闲

    我很忙。

    Oh, pretty busy.

    Занят.

    私は大変忙しいです。

11. nga na sang mi teitei vleup shin.
　　我　你　认识　很　　高兴

　　认识你很高兴。

　　Nice to meet you!

　　Рад с вами познакомиться.

　　お会いできてとても嬉しいです。

12. na lei reqshi o!
　　你　　　谢谢

　　谢谢你。

　　Thanks.

　　Спасибо!

　　ありがとうございます。

13. vnvm vgyvng gol.
　　以后　　　见

　　再见!

　　Goodbye!（See you!）

　　До свидания!

　　さようなら。

14. gvm pvip beu!
　　好好　睡觉

　　晚安!

　　Good night!

　　Спокойной ночи!

　　おやすみなさい。

15. na nvdi lei tei vleup shi.
　　你 来　　非常　高兴

　　欢迎你。

　　Welcome!

　　Приветствую вас!

　　ようこそ。

16. nvnggvm pvloq beu e!
　　好好　　　回

　　路上慢走。

　　Take care!（Come back and see us again!）

　　Счастливого пути.

　　お気をつけて。

17. na ma nvkok sheu a?
　　你　　起床了　　吗

你起床了吗？

Are you up yet?

Ты встал?

起きましたか？

18. nga tvn taq mvkok shing.
　　我　　还　　没起床

我还没起床。

Not yet.

Я ещё в кровати.

まだ起きていません。

19. nga toi kok shing.
　　我　已经　　起床了

我已经起床了。

Yes, I am.

Я уже встал.

私はもう起きました。

20. na toigyaq nvnggvm ma nv ip reui?
    你　昨晚　　好好　　吗　　睡

你昨晚睡得好吗?

Did you sleep well last night?

Как вам спалось вчера вечером?

昨日の夜、よく眠れましたか?

21. na vtvng vngbring nvlvt sheu?
    你　什么　　名字　　　　叫

你叫什么名字?

What's your name, please?

Как тебя зовут?

お名前は何ですか?

22. nga vngbring × × lvt shing.
    我　　名字　　× ×　　叫

我叫× ×。

My name is ...

Меня зовут × ×.

お名前は何ですか?

— 8 —

23. na   tvsa   vngbring neu vtvng e?
　　你 开始的　　姓　　　什么 是

你贵姓?（你姓什么?）

What is your surname?

Какая ваша фамилия?

あなたの苗字は何ですか?

24. nga   tvsa   vngbring neu × × e.
　　我　开始的　　姓　　× × 是

我姓××。

My surname is ...

Моя фамилия × ×.

私の苗字は××です。

25. na vngbring nvbri di   tvsa   vngbring ma nvbri?
　　你　名字　写时　开始的　　姓　　吗　写

你写名字时写姓吗?

Do you include your surname in your signature?

А ты пишешь имя вместе с фамилией?

あなたは名前を書く時、苗字を書きますか?

26. nga   tvsa   vngbring mvbring.
    我　开始的　　姓　　　不写

    我不写姓。

    No , I don't.

    Нет , без фамилии.

    私は苗字を書きません。

27. ing   tvsa   vngbring mvbri mv nyi.
    我们 开始的　　姓　　　不写　不行

    我们必须写姓。

    But we have to.

    А мы обязательно с фамилией.

    私たちは苗字を必ず書きます。

28. tvsa   vngbring nvning vra kol kei nvbrin?
    开始的　　姓　　　你们　哪里　　写

    你们把姓写在哪里?

    Does your given name or family name come first?

    Где вы пишите фамилию?

    あなたたちは苗字をどこに書きますか?

29. vngbring tvsa do bri sa e.
    名字　　开始 在　写

    写在名字前面。

    The family name comes first.

    Перед именем.

    名前の前に書きます。

30. na　vngbring neu na nyvreuq ka ma e?
    你的　名字　是 你 民族　语 是吗

    你的名字是本民族语吗?

    Is your name in your native language?

    А твое имя на родном языке?

    あなたの名前は母語の名前ですか?

31. me, gya ka mi lvn vngbring e.
    不是, 汉语　起　　名　　是

    不是, 我是用汉语起的名字。

    No. My name is in Chinese.

    Нет, моё имя на китайском языке.

    いいえ、私は漢語で名前を付けました。

32. e,　　　ik　nyvreuq ka mi lan e.
　　是的，我们　民族　语 起名 是

　　　是的，我是用母语起的名字。

　　　Yes, indeed.

　　　Да, моё имя на родном языке.

　　　はい、私は母語で名前を付けました。

33. na　vra mvli　vsvng nv e?
　　你 哪个地方　人　　是

　　　你是哪里人?

　　　Where are you from?

　　　Вы откуда?

　　　あなたはどこの人ですか?

34. nga peiching mvli vsvng ing.
　　我　北京　地方　人　是

　　　我是北京人。

　　　I'm from Beijing.

　　　Я пекинец.

　　　私は北京の出身です。

— 12 —

35. na mvli neu lvka mvli ma e?
　　你 家乡　　 山　区　吗 是

你家乡在山区吗？

Are you from a mountainous area?

Твоя родина в горном районе?

あなたの故郷は山村ですか？

36. me,　　 dvm mvli e.
　　不是，平地 地方 是

不是，我家乡在草原。

No, I'm from the prairie.

Нет, моя родина в степном районе.

いいえ、私の故郷は草原です。

37. e,　　 nga rong mvli neu lvka mvli e.
　　是的，我　在 地方　　 山区　是

是的，我家在山区。

Yes, I live in the mountains.

Да, моя родина находится в горах.

はいそうです、私の故郷は山村です。

— 13 —

38. nga kyeum neu cingseu do e.
    我　家　　　城里　在　是

我家在城里。

I live in the city.

Моя семья в городе.

私の家は都市にあります。

39. vng kyeum neu nungcun do e.
    他　　家　　　农村　在　是

他家在乡村。

He lives in the country.

Его семья в селе.

私の家は農村にいあります。

40. na vdvng ning nvkya?
    你　多少　岁数　　到

你多大岁数了？

How old are you?

Сколько тебе лет?

あなたのお年は？

41. nga tvnning wang tisvl hyvt ning du di.
　　我　　今　　年　　十　八　岁　到　了

我今年十八岁了。

I'm 18.

Мне в этом году уже 18 лет.

私は今年十八歳になりました。

42. vng tvn taq gurkyangra e.
　　他　还　　　　小伙子　　是

他还很年轻。

He's still pretty young.

Он ещё молод.

彼はまだ若いです。

43. nga pvring beung.
　　我　　老　　了

我已经老了。

I'm not young any more.（I'm getting old.）

Я уже старый.

私はもう年です。

44. na ce laq nvreung e!
　　您 寿　　　长　　啊

祝您长寿！

I wish you a long life.

Желаю Вам долгих лет жизни.

お元気で。

45. vsvng ni vgyvng sheu gol!
　　明　天　见　　　吧

明天见！

See you tomorrow.

До завтра！

また明日。

（二）kyeum vsvnɡ
家庭情况
Family
Семья
家庭

1. ya neu na kyeum ma e?
   这　　你　家　吗　是

   这是你家吗?

   This is your family, isn't it?

   Это твоя семья?

   ここはあなたの家ですか?

2. na kyeum do vsvnɡ vdvnɡ yoq vl?
   你　家　在　人　　几　口　有

   你家有几口人?

   How many people do you have in your family?

   Сколько человек в твоей семье?

   あなたの家は何人家族ですか?

3. ŋa kyeum do vpei、vmei niŋ ŋa vl.
   我　家里 在 爸爸、妈妈 和　我　有

   家里有爸爸、妈妈和我。

   There are three people in my family: my father,
   my mother, and I.

   В моей семье папа, мама и я.

   家には父と母、そして私がいます。

4. na nvnik ra ma vl?
   你 兄弟姐妹 吗 有

   你有兄弟姐妹吗?

   Do you have siblings?

   У тебя есть сестры и братья?

   あなたには兄弟がいますか?

5. nga vlung ing.
　　我　　独子　是

　　　我是独生子。

　　　I'm the only child in my family.

　　　Я один.

　　　私は一人っ子です。

6. vng vngpei koshocha e.
　　他　　爸爸　　科学家　是

　　　他爸爸是科学家。

　　　His father is a scientist.

　　　Его папа учёный.

　　　彼の父親は科学者です。

7. vng vngmei neu yisucha e.
　　她　　妈妈　　　艺术家　是

　　　她妈妈是艺术家。

　　　Her mother is an artist.

　　　Её мама художница.

　　　彼女の母親は芸術家です。

8. na kyeum do vman vsvng ma vl?
   你　家　在　其他人　吗　有

   你家里还有其他人吗？

   Do you have any other relatives?

   Кто ещё есть в твоей семье?

   あなたの家にはほかに誰がいますか？

9. nga vkang dvguan vpi vl.
   我　爷爷　和　奶奶　有

   我有爷爷和奶奶。

   I have a grandfather and a grandmother.

   В моей семье ещё дедушка и бабушка.

   祖父と祖母がいます。

10. vngne tuisheu wa kyeum do rong.
    他俩　退休　家　里　在

    他们都退休在家。

    They have retired.

    Они теперь уже на пенсии.

    彼らは定年退職して家にいます。

11. na vtvng nvwa?
   你 什么 做

   你在做什么？

   Do you work or are you a student?

   Чем ты занимаешься?

   あなたは何をしていますか？

12. nga neu shosing tiyoq ing.
   我 学生 一个 是

   我是一名大学生。

   I'm in college.

   Я студент.

   私は大学生です。

（三） kei sa

餐　饮

Food and Drink

Поставка

飲　食

1. na vngza ma nvkai lung?
   你　饭　吗　吃　了

   你吃饭了吗？

   Have you had dinner (breakfast or dinner)?

   Ты поел?

   あなたはご飯を食べましたか？

2. mvkei, nga tvn taq vngza mvkei.
   没吃，我　现在　　饭　没吃

   没有，我还没吃饭呢。

   Not yet.

   Нет, я ещё не ел.

   いいえ、私はまだご飯を食べていません。

3. kei ding, nga vngza toi kei ding.
   吃了, 我 飯 已经 吃 了

   对，我已经吃过了。

   Yes, I have.

   Да, я уже поел.

   はい、私はもう食べました。

4. na svrang vngza ma nvkai lung?
   你 早 餐 吗 吃过 了

   你吃过早餐了吗?

   Have you had breakfast?

   Ты уже позавтракал?

   あなたは朝食を食べましたか?

5. vng svrang vngza vtvng kei?
   他 早 餐 什么 吃

   他早餐吃的什么?

   What did he have for breakfast?

   Что у него было на завтрак?

   彼は朝食に何を食べましたか?

6. ik pung neu pvleq kei.
　　哥哥　　　　粑粑　吃

　　　哥哥吃的面包。

　　　My elder brother had some bread.

　　　Брат позавтракал хлебом.

　　　兄はパンを食べました。

7. ik　nen neu nungngua nung tipeui ngaq.
　　小　女　　牛　　　奶　一　杯　喝

　　　小妹妹喝了一杯牛奶。

　　　My younger sister had a glass of milk.

　　　Сестра выпила молоко из стакана.

　　　妹は牛乳を一杯飲みました。

8. vpei　svrang neu kafei ngaq.
　　爸爸　　早晨　　咖啡　喝

　　　爸爸早餐一般都喝咖啡。

　　　My dad drinks coffee at breakfast.

　　　Папа обычно пьет кофе на завтрак.

　　　父は普段朝食にコーヒーを飲みます。

9. vng kafei ngaq ma pvdeu.
　　他　咖啡　喝　不　喜欢

　　他不喜欢喝咖啡。

　　He doesn't like coffee.

　　Он не любит пить кофе.

　　彼はコーヒーが嫌いです。

10. kaleum ma nvkai a?
　　鸡蛋　吗　吃过了

　　吃过鸡蛋了吗?

　　Did you have an egg?

　　Съел ли ты яйцо?

　　卵を食べましたか?

11. vngnik kyeum svrang tupa ngaq.
　　他们　　家　早晨　稀粥　喝

　　他们家里早餐喝稀粥。

　　His family has porridge for breakfast.

　　Дома они едят кашу на завтрак.

　　彼らの家では朝食にお粥を食べます。

12. nga tisvl vni dvm do nvm vdung vngza kei.
　　我　 十　二　点　在　日　午　 饭　吃

我大约在十二点吃午饭。

I have lunch at around 12 o'clock.

Я обедаю около в 12 часов утра.

私は大体 12 時頃に昼ご飯を食べます。

13. nvning nvm vdung vngza vtvng tvng nvkei?
　　你们　　日　午　 饭　什　 么　　吃

你们午饭一般吃什么?

What do you usually eat for lunch?

Что вы едите на обед?

あなたたちはお昼に何を食べますか?

14. nvm vdung vngza vda mada myentyo　　kai.
　　日　午　 饭　　经常　　面条　(我们) 吃

中午经常吃面条。

We often have noodles for lunch.

Мы часто едим лапшу на обед.

お昼にはよくうどんを食べます。

15. ik Nen nvm vdung vngza chuq lvng kei.
    我　　日　午　饭　一点　只　吃

我妹妹午饭吃的很少。

My younger sister doesn't eat a lot at lunch.

Моя сестра очень мало ест на обед.

妹はお昼をたくさん食べません。

16. beumbeum vsvng nvm vdung vngza neu　yol
    许　　多　　人　日　午　饭　　　方便
    vngza kei.
    餐　　吃

许多人中午吃快餐。

Many people eat fast food for lunch.

Многие едят фаст - фуд на обед.

多くの人はお昼にファストフードを食べ
ます。

17. vhreui vngza vdvng dvm do kei?
　　晚　　　饭　　几　点　在　吃

　　晚饭几点钟吃？

　　When do you usually have dinner?

　　Когда ты ужинаешь？

　　何時に夕食を食べますか？

18. vhreui vngza neu vhreui kruq dvm do kei.
　　晚　　　饭　　　晚上　六　点　在　吃

　　下午六点左右吃晚饭。

　　Around six.

　　Мы ужинаем около в 6 часов вечера.

　　六時頃夕食を食べます。

19. vhreui vngza neu vm vngza dvguan plang zvguaq
    晚   餐   米 饭   和   炒   菜
    beum taq kei.
    多   吃

    晚餐吃米饭炒菜的时候多。
    We usually have rice and some stir-fried dishes
    for dinner.
    Мы часто едим рис и жареное на ужин.
    夕食にはご飯と野菜炒めを食べることが多
    いです。

20. vmei mi o zvguaq teitei kei gvm.
    妈妈   做 菜   特别 吃 好

    妈妈做菜特别好吃。
    My mother is a brilliant cook.
    Мама очень вкусно готовит.
    母の料理はとてもおいしいです。

21. ik pung vda mada vman kol do vngza kei.
　　哥哥　　　经常　　外面 处　　　饭　　吃

　　　　哥哥经常在外面吃饭。

　　　　My brother often eats out.

　　　　Брат часто кушает в ресторанах.

　　　　兄はよく外食します。

22. nga vwvng picheu tei ngaq pvdeu.
　　我　　叔叔　　啤酒　很　　喝　　爱

　　　　我叔叔爱喝啤酒。

　　　　My uncle loves beer.

　　　　Мой дядя любит пить пиво.

　　　　叔父はビールが大好きです。

23. Vng tichuq sheu neu ngaq ma pvdeu.
　　他　　一点　　也　　酒　　喝　　不　喜欢

　　　　他一点也不喜欢喝酒。

　　　　He doesn't like to drink.

　　　　Он вообще не пьёт.

　　　　彼は酒嫌いです。

24. ya sep do vngza kei sa kyeum ma vl?
这 附近 在 饭 吃的 房子 吗 有

这附近有餐厅吗?

Are there any restaurants near here?

Есть ли здесь поблизости ресторан?

この近くにレストランはありますか?

25. mvlong kolap do vl.
路 对面 在 有

马路对面就有餐厅。

You can find one across the street.

На противоположной стороне улицы есть ресторан.

道路の向こう側にはレストランがあります。

26. ya do neu vngza kei sa kyeum e.
这 里 饭 吃的 房子 是

这里就是餐厅。

Right here is a restaurant.

Это ресторан.

ここがレストランです。

27. nga lei lacha tiq chahu pvbing rang.
　　我　　茶　　一　茶壶　　给　　吧

　　　请给我上一壶茶水。

　　　Waiter! A pot of tea, please.

　　　Мне чай, пожалуйста!

　　　お茶を一杯ください。

28. nga nungngua sha myentyo tipeur geung.
　　我　　　牛　　肉　　面条　　一　碗　　要

　　　我想点一碗牛肉面。

　　　I'd like a bowl of beef noodles.

　　　Мне лапшу с говядиной.

　　　肉うどんを一つください。

29. yaq vngza wa kyeum do zvguaq teitei kei gvm.
　　这　　饭　　做　房子　在　菜　非常　吃　好

　　　这家餐厅的饭菜真好吃。

　　　The food at this restaurant is very good.

　　　Блюда в этом ресторане очень вкусные.

　　　このレストランの料理は大変おいしいです。

（四） **shosha**

学　校

School

Школа

学　校

1. ya neu shosha ma e?
　这　　学校　吗　是

　　这里是学校吗?

　　This is a school, isn't it?

　　Это школа?

　　ここは学校ですか?

2. e,　　ya neu shosho e.
　是的, 这　　小学　是

　　　是的, 这是一所小学。

　　　Yes, it's a primary school.

　　　Да, это начальная школа.

　　　はい、ここは小学校です。

3. vya neu teitei svng   cungsho e.
   那   很 有名的 中学   是

   那是一所很有名的中学。

   That's a very famous school.

   Это очень известная средняя школа.

   そこは有名な中学校です。

4. cungsho sep do neu tasho e.
   中学   旁边 在   大学 有

   中学的旁边是所大学。

   Next to the middle school is a college (university).

   Рядом со средней школой университет.

   中学校の隣は大学です。

5. vng neu susho loseu e.
   他   数学 老师 是

   他是一位数学老师。

   He's a math teacher.

   Он учитель математики.

   彼は数学の先生です。

6. vng jvgye teitei svlvp so.
   他　课　很　教　会

   他的课讲得很好。

   He gives great lectures.

   Он хорошо преподает.

   彼の講義はとてもいいです。

7. shosing maq vng jvgye svlvp lei teitei ta pvdeu.
   学生　们　他　课　教　很　听　愿意

   学生们愿意听他讲的课。

   Students enjoy his lectures.

   Ученики очень любят идти на его уроки.

   学生たちは彼の講義を聞きたがります。

8. nvni　　sheu loseu ma e?
   你姑姑　也　老师　吗　是

   你姑姑也是老师吗?

   Your aunt is also a teacher, isn't she?

   Твоя тётя тоже учительница?

   あなたの叔母様も教師ですか?

9. e,   vng sheu loseu tiyoq e.
   是的, 她   也 老师 一 个 是

   是的，她也是一位老师。

   Yes, she is.

   Да, она тоже учительница.

   はい、彼女は教師です。

10. vng neu yaq shosho do loseu ma e?
    她   这 小学 在 老师 吗 是

    她是该小学的老师吗？

    Does she teach at/ın this school?

    Работает ли она в этой начальной школе?

    彼女はこの小学校の先生ですか?

11. mv e, vng neu cungsho loseu e.
    不是, 她   中学   老师 是

    不是，她是中学老师。

    No, she doesn't. She teaches in a middle school.

    Нет, она работает в средней школе.

    いいえ、彼女は中学校の先生です。

12. vng tini magraq jvgye svlvp sa vl.
    她 一天 每 课 教 的 有

　　她几乎每天都有课。

　　She has class almost everyday.

　　У неё почти каждый день есть уроки.

　　彼女はほとんど毎日授業があります。

13. vng vtvng ko svlvp?
    她 什么 课 教

　　她教什么课?

　　What does she teach?

　　Что она преподает?

　　彼女はどんな科目を教えていますか?

14. yiwvn ko svlvp.
    语言 课 教

　　教语言课。

　　Language.

　　Филологию.

　　国語を教えています。

15. vtvng yiwvn ko svlvp?
    什么 语言 课 教

    教什么语言?

    Which language?

    Какой язык?

    どの言語を教えていますか?

16. vng neu han yiwvn ko svlvp.
    她　　汉 语言 课 教

    她教的是汉语言课。

    Chinese language.

    Китайский язык.

    彼女は中国語を教えています。

17. nvni　　svlvp cungsho neu vra do e?
    你姑姑 教 中学 哪 在 是

    你姑姑的中学在哪里?

    Where is your aunt's school?

    Где школа твоей тёти?

    あなたの叔母様の中学校はどこにありますか?

— 38 —

18. vyaq shosho sep do e.
　　就这　小学　旁边　在　是

　　就在该小学旁边。

Just next to the primary school.

Рядом с этой начальной школой.

小学校の隣にあります。

19. shosha do tusuguang ma vl?
　　学校　在　图书馆　吗　有

　　学校里有图书馆吗？

Does the school have library?

Есть ли в школе библиотека？

学校に図書館はありますか？

20. shosha do tusuguang sheu vl, jvgye gyvng sa
    学校　在　图书馆　　也　有　书　　看　的

    kyeum sheu vl.
    房子　　也　有

    学校里不仅有图书馆，还有阅览室。

    Yes. It has a library and reading rooms.

    В школе есть библиотека и читальный зал.

    学校には図書館だけでなく、閲覧室もあり
    ます。

21. ya neu shosha yuntungcang e.
    这　　学校的　　运动场　　是

    这里是学校的运动场。

    Here is the sports field.

    Это школьный стадион.

    ここは学校の運動場です。

22. vya, yaq shosha yuntungcang tasvt tei.
    啊呀，这 学校 运动场 真 大

    啊呀，学校的运动场可真大呀！

    Wow. It's so big.

    Ах，какой большой стадион.

    ああ、学校の運動場は広いですね。

23. shosha tining magraq kruq svla do ya do yuntung
    学校 一年 每 六 月 在 这里 运动

    hui wa.
    会 开

    学校每年六月都在这里开运动会。

    The school sports day is usually in June.

    Каждый год в июне в школе проходят
    спортивные соревнования.

    学校は毎年六月にここで運動会を開きます。

24. shosing maq vdeu deu mit mi vngmeung meung
　　学生　　们　　自己　　意愿　　　各种

tiyu　pisei wa.
体育 比赛 做

　　学生们自愿参加各种体育比赛。

　　Students voluntarily take part in a variety of games.

　　Ученики добровольно участвуют в различных

　　спортивных соревнованиях.

　　学生たちは進んでさまざまな体育競技に参

　　加します。

25. yaq shosha do neu shentaihua pankung leu dvguan
　　这　学校　在　　现代化　办公　楼　和

chosho leu sheu vl.
教学　楼　也　有

学校还有现代化的办公楼和教学楼。

The school has modern classrooms and office
buildings.

В этой школе также есть современный
административный и учебный корпусы.

学校には近代化したオフィスビルと教育棟
があります。

26. ya do shosing maq neu nvnggvm jvgye svlvp sheu.
　　这里　学生　们　　努力　书　学习

这里的学生们都努力学习。

Students in this school are dedicated and work
hard.

Здесь ученики учатся старательно.

ここの生徒たちはみんな頑張って勉強して
います。

（五） kungco wa
工　作
Work
Работа
仕　事

1. na kungco ma nvwa?
   你　工作　吗　做

   你工作了吗？

   Do you work?

   Ты работаешь?

   あなたは就職しましたか？

2. nga kungco mvwang, Nga neu yencheusing don.
   我　工作　没做，　我　　　研究生　读

   我还没有工作，我是在读研究生。

   No, I don't. I'm now studying for a master's degree.

   Нет, я ещё не работаю, я учусь в аспирантуре.

   私はまだ就職していません大学院で勉強しています。

3. nga neu mvnning wang kungco wa sa mit shing.
　我　　　来　　年　工作　做　　　想

我打算明年参加工作。

I'm hoping to find a job next year.

Я собираюсь работать в следующем году.

私は来年就職するつもりです。

4. nvnik pung neu vra do kungco wa?
　你　　哥哥　　　哪儿　在　工作　做

你哥哥在哪儿工作？

Where does your elder brother work?

Где работает твой старший брат?

あなたのお兄さんはどこで勤めていますか？

5. cingfu do wa.
　政府　在　工作

在政府部门工作。

He works for the government.

В правительственном учреждении.

役所に勤めています。

6. vng mi kungco timei lon.
   他　　　工作　一份　找到

   他找到了一份好工作。

   Great. He has got a good job.

   У него хорошая работа.

   彼はいい仕事を見つけましたね。

7. nvnik　tin　neu　vda　kungco　wa　e?
   你　弟弟　　　何时　工作　做　是

   你弟弟是什么时候参加工作的？

   When did your younger brother start working?

   А когда начал работать твой млацщий брат?

   あなたの弟はいつから勤めはじめましたか？

8. vng neu chvning wang kungco wa.
   他　　　去　　年　　工作　做

   他去年参加了工作。

   He got his first job last year.

   В прошлом году.

   彼は去年から勤め始めました。

— 46 —

9. nvnik pung neu vdvng dvm do sangpang wa
   你　　哥哥　　　　几　　点　　在　　上班　　做

   lei di?
   去

   你哥哥每天早上几点上班？

   What time does your elder brother go to work eve-
   ryday?

   Когда начинается рабочий день у твоего брата？
   あなたのお兄さんのは朝何時に仕事に行きま
   すか？

10. vng neu tiq svrang　wa　hyvt dvm vseum svl
    他　　　每　早　一样　八　点　　三　　十

    heu do sangpang wa lei di.
    分　　　上班　　做　　去

    他每天早上八点半上班。

    At 8：30am.

    В 8：30 утра.

    彼は毎朝8時半から仕事をします。

11. na tini maqraq hyvt dvm leika nvwa ma?
    你 一天   都   八 小时 工作 做   吗

    你每天都工作八个小时吗？

    You work eight hours a day, don't you?

    У тебя восьмичасовой рабочий день?

    あなたは毎日八時間働いていますか？

12. ewa e, ing   tini maqraq hyvt dvm wai.
    那 是 我们 一天   都   八 小时 做

    是的，我们每天工作八个小时。

    Yes, we do.

    Да, у нас восьмичасовой рабочий день.

    はい、我々は毎日 8 時間働きます。

13. na nvkeu neu vtvnq wa a?
    你 舅舅   什么 干 啊

    你舅舅是做什么的？

    What does your uncle do?

    Кем работает твой дядя?

    あなたの叔父様は何をしている人ですか？

14. vng neu chinyecha tigyo e.
　　他　　　企 业 家 一 位 是

他是一位企业家。

He is an entrepreneur.

Он предприниматель.

彼は企業家です。

15. na nvcheum neu mvnba ma e?
　　你　　姨　　医生 吗 是

你姨妈是医生吗？

Is your aunt a doctor?

А твоя тётя врач?

あなたの叔母様は医者ですか？

16. vng neu shingcing leika wa vsvng e.
　　她　　　行政　工作 做 人 是

她是一位行政工作人员。

She is a clerk.

Нет, она администратор.

彼女は公務員です。

— 49 —

17. vngning sangpang wa bei mvdo ma kvri jin di?
    他们　　上班　　做　车　吗　开　着　去

　　他们上班开车吗?

　　Do they drive to work?

　　Они ездят на работу на машине?

　　彼らは車で通勤していますか?

18. tiq vlang lang mvdo kvri jin di.
    有　时　候　车　开　着　去

　　有的时候开车。

　　Sometimes.

　　Да, иногда на машине.

　　時々車で通勤します。

19. eq di sheu, kungcho mvdo dvguan titye do rong
    但是，　　　公 交　　车　　和　　地铁 在 乘

    vya　beum.
    那个　多

    但是，乘公交车或地铁的时候多一些。

    But, they take the bus or subway more often.

    Но，чаще на автобусе или метро.

    しかし、バス或いは地下鉄に乗ることがや
    や多いです。

20. nvning kungco tyochen vtei wa e?
    你们　工作　条件　如何　是

    你们的工作条件如何？

    How are the working conditions at your job?

    Какие у вас условия для работы？

    あなたたちの仕事の環境はどうですか？

21. ik　　　kungco huanching teitei gvm.
　　我们的　工作　　环境　　很　好

　　　我们的工作环境很好。

　　　Pretty good.

　　　У нас хорошие условия для работы.

　　　私達の仕事の環境はとてもいいです。

22. na̱ nvnggvm kungco pvwa.
　　你　好好的　　工作　　做

　　　希望你好好工作。

　　　I hope you like what you do and keep working hard.

　　　Желаю тебе успехов на работе.

　　　お仕事がんばってください。

23. nga vtei eq di sheu nvnggvm kungco wa
我　怎么　是　也　努力　工作　做

pvng wang.
要

我一定会努力工作。

Thanks, I will.

Я непременно постараюсь работать хорошо.

私は頑張って仕事をします。

（六）vnɡji、mvlonɡ
时间、　交通
Time and Transportation
Время、Коммуникация
時間、交通

1. tvn　vdvnɡ dvm　e　di?
　现在　几　点　是　了

　　现在几点了?

　　What time is it now?

　　Который час сейчас?

　　今は何時ですか?

2. tvn neu svranɡ dvɡeu dvm e.
　现在　　早上　　九　点　是

　　现在是上午九点。

　　It's 9 o'clock.

　　Сейчас девять часов утра.

　　今は午前9時です。

3. nvning nvm mvgyang vdvng dvm do sangpang

   你们   白天   几   点   在   上班

   nvwan?

   做

   你们下午几点上班?

   What time does your afternoon shift start?

   Когда вы начинаете работу после обеда?

   あなたたちの仕事は午後何時からですか?

4. nvm mvgyang vni dvm tingai do sangpang wai.

   白   天   两 点 一半 在   上班   做

   下午两点半上班。

   At 2:30 pm.

   В половине третьего.

   仕事は午後 2 時半からです。

5. vhreui vngza vdvng dvm do kei sa greung?
　　晚　　　餐　　几　　点　　在　　吃　　　说

　　晚餐预约在几点?

　　What time is our dinner reservation for?

　　На какое время заказан ужин?

　　夕食は何時に予約しましたか?

6. vhreui kruq dvm do kei sa greung.
　　晚　　　六　　点　　在　　吃　　　说

　　预约在晚六点。

　　For 6:00 pm.

　　Около в шести вечера.

　　午後の6時に予約しました。

7. yaq hoce vdvng dvm do kvri?
　　这　火车　　几　　点　在　开

　　这趟火车几点开?

　　What time does the train leave?

　　Когда отправляется этот поезд?

　　この汽車は何時に発車しますか?

8. svrang tisvl dvm tisvl pvnga heu do kvri.
   早上　　十　点　十　　五　分　在　开

   上午十点一刻开。

   At 10:15 am.

   В 10.15 утра.

   午前十時十五分に発車します。

9. ya neu vdvng dvm do tyenying pyo e a?
   这　　　几　点的　在　电影　　票　是　呀

   这是几点的电影票呀？

   Which show is this movie ticket for?

   На какое время этот билет?

   これは何時の映画チケットですか？

10. shingchiq ni do nvm mvgyang vseum dvm vni svl
星期　　　日 在　　　白天　　　三　　点　二十

pvnga heu do e.
五　　分的　是

星期天下午三点二十五分的电影票。

It's for 3:25 Sunday afternoon.

Это билет на 15.25 в воскресенье.

日曜日の午後三時二十五分の映画チケット
です。

11. na kyeum pang shosha lei vdvng mi vdu?
你　家　　从　学校　　多长　　到达

你从学校到家需要多长时间？

How long does it take to go home from your
school?

Сколько времени требуется, чтобы добраться
из твоей школы до дома?

あなたは学校から家までどのぐらいかかり
ますか?

— 58 —

12. cvshingce mi neu vni svl heu vklei mi vdu.
自行车　　　　　　二十　分钟 左右　　到达

骑自行车需要二十分钟左右。

It's about a 20 – minute bicycle ride.

На велосипеде около двадцати минут.

自転車で20分ぐらいかかります。

13. ya do cuzuce ma vl?
这 里 出租车 吗 有

这里有出租车吗？

Where can I get a taxi around here?

Есть ли здесь такси?

ここにタクシーはありますか？

14. ŋa lei hoce can taq pvsang rang.
我　　火 车 站 到　　送

请把我送到火车站。

Take me to the railway station, please.

Пожалуйста, отвезите меня на вокзал!

駅までお願いします。

15. yaq kungcho mvdo neu chicang lei ma du?
    这　公交　车　　　机场　吗 到

    该公交车到机场吗？

    Does the bus go to the airport?

    Можно ли доехать до аэропорта на этом автобусе?

    このバスで、空港まで行けますか？

16. chicang lei nvdi bei neu chicang tapa pvrong.
    机场　　去的话　　机场大巴　乘坐

    去机场请你乘坐机场大巴。

    You can take a shuttle to the airport.

    Чтобы　　　добраться　　до　　аэропорта,

    воспользуйтесь шаттлом.

    空港まではエアポートバスを利用してください。

（七） nvm
天气
Weather
Погода
天　気

1. tvnni　nvm　vtei wa e a?
　　今 天 天气　　怎样?

　　今天天气怎样?

　　What's the weather like today?

　　Какая сегодня погода?

　　今日のお天気はどうですか?

2. tvnni　nvm　gang.
　　今天 天气　　晴

　　今天是晴天。

　　It's a fine day.

　　Сегодня солнечная погода.

　　今日は晴れです。

3. muq do rvmeut vl, vsvng ni nvm mvgang na e.
　 天空 在　云　有，明天　天　　阴　可能 吧

　　 天上有云了，明天可能是阴天。

　　 It's cloudy and may be overcast tomorrow.

　　 На небе облака, завтра возможно будет
　　 пасмурная погода.

　　 空には雲がかかっています、明日は曇りかも
　　 しれません。

4. mvli do nvmbeung sheur, tvwvn pyong na e.
　 外面　　刮　　风，　雪　下　可能吧

　　 外面在刮风，可能要下雪。

　　 The wind is now blowing and it looks like it may
　　 snow.

　　 На улице ветрено, наверно, будет снег.

　　 外は風です、雪が降るかもしれません。

5. ya do chvgyinni nvm tikvt teitei zaq.
   这里　　前天　　雨　一场 大大的下

   这里前天下了一场大雨。

   It rained heavily here the day before yesterday.

   Позавчера здесь был сильный дождь.

   ここは、おととい大雨でした。

6. nvm　tini　mvdvm　tini　zeung rai.
   天　一天　比　一天　　冷

   天一天比一天变冷了。

   It's getting colder every day.

   С каждым днем становится всё холоднее.

   日増しに寒くなってきました。

7. wang u mvli do rvngtong nvm teitei zeung.
   北　　方 在　冬　　天　很　冷

   北方的冬天很冷。

   It's pretty cold in the north in the winter.

   Зимой на севере очень холодно.

   北方の冬はとても寒いです。

8. waŋmi mvli do mvgyu nvm teitei vkat.
   南　　　方　在　夏　天　很　热

　　南方的夏天很热。

　　It's so hot in the south in the summer.

　　Летом на юге очень жарко.

　　南方の夏は大変熱いです。

9. ya do nvmleum nvm teitei leum.
   这里　　春　天　很　温暖

　　这里的春天很温暖。

　　It's warm here in the spring.

　　Весной здесь очень тепло.

　　ここの春は暖かいです。

10. svdeu nvm do peiching pvsai sai shinglvp teitei
    秋　　天　在 北京的 红红的　叶子　　很

    dvgrang.
    漂亮

    秋天北京的红叶很漂亮。

    Beijing is quite lovely in the autumn when the
    leaves turn red.

    Осенью　　в　Пекине　очень　красивые
    красные листья.

    北京の秋の紅葉はとてもきれいです。

（八） tyenhua　deu
打　　　电话
Phone Call
Позвонить
電話をかける

1. ei!　na　nvgvm!　×× shensing ma rong a?
　喂!　你　好　　××　　先生　吗　在　啊

　　喂! 你好! 请问××先生在吗?

　　Hello. Can I speak to Mr. . . .

　　Алло! Здравствуйте! Можно ли поговорить с
　　господином ××.

　　もしもし、こんにちは。××さんいらっしゃ
　　いますか?

2. na neu × × nyuseu ma nve?
   你　　× ×　女士　吗　是

   你是××女士吗?

   Is this Ms. . . .

   А Вы госпожа × ×?

   × ×さんでいらっしゃいますか?

3. na mi × × shocheq chuq pvla wang.
   你 把 × ×　小姐　一下　找　　我

   请给找一下××小姐。

   I'd like to speak to Miss . . .

   Можно ли попросить к телефону мисс × ×.

   × ×さんをお願いします。

4. na chuq pvcha e.
   你 一会儿　　等

   请你等一会儿。

   Just a moment (Hold on), please.

   Минуточку!

   少々お待ちください。

5. vng mvrong, lai sheu di.
   她　不在，　　出去了

   她不在，出门了。

   Sorry, she's not in right now.

   Ей сейчас нет, она вышла.

   彼はおりません。外出いたしております。

6. na ka ra sa ma vl?
   您 话 留　　吗 有

   您要留言吗?

   Would you like to leave a message?

   Нужно ли ему что – то передать?

   ご用件を伝えましょうか?

7. vng mi tyenhua laq na vtvng peut ning.
   她　　　电话　让　　回 告诉

   我转告她给您回电话。

   Ok. I'll have her call you back.

   Я передам ей, чтобы она Вам перезвонила.

   折り返し電話するように伝えておきます。

8. nga neu × × e, na vmi e?
   我　　×× 是，您 哪位 是

   我是××，您是哪位？
   This is ... Who's speaking?
   Говорит × × , а с кем я говорю?
   私は××です。どちらさまでしょうか?

9. nga neu na tungsho × × e.
   我　　你的 同学　×× 是

   我是你的同学××。
   This is your classmate ...
   Говорит твой одноклассник × × .
   私はあなたの同級生の××です。

10. nga mi vsvng ni bali vng lei tyenhua deung ning.
    我　　明天 再 他　　电话　　打

    我明天再给他打。
    All right. I'll call him again tomorrow.
    Завтра я ему перезвоню.
    明日もう一度おかけします。

（九）wa pvdeu vya
兴　趣
Hobbies
Вкус
趣　味

1. na yuntung wa ma na pvdeu?
   你　运动　做　吗　喜欢

   你喜欢运动吗?

   Do you like sports?

   Ты любишь заниматься спортом?

   あなたは運動が好きですか?

2. nga tor sheu teitei pvdeung.
   我　跑步　很　喜欢

   我很喜欢跑步。

   I like jogging.

   Я люблю заниматься бегом.

   私はジョギングが大好きです。

3. vng tini maqraq picheu rop.
　他　一天　都　　皮球　打

　　他每天都打篮球。

　　He plays basketball every day.

　　Он каждый день играет в баскетбол.

　　私は毎日バスケットボールをやっています。

4. nga yingyo teitei ta pvdeung.
　我　音乐　很　听　爱

　　我爱听音乐。

　　I'm into music.

　　Я люблю слушать музыку.

　　私は音楽鑑賞が好きです。

5. na tyenying yvng ma na pvdeu?
　你　电影　看　吗　爱

　　你爱看电影吗?

　　Do you like movies?

　　Ты любишь кино?

　　あなたは映画みるのが好きですか?

6. vmei ti lvban ni magrq shichu gyvng lei di.
   妈妈 一 周 日 都 剧 看 去

   妈妈每周末都去看剧。

   My mother goes to the theatre every weekend.

   По выходным мама ходит на спектакли.

   母は毎週末、舞台を見に行きます。

7. vpei tuhua hua teitei pvdeu.
   爸爸 图画 画 很 喜欢

   爸爸很喜欢画画。

   My father is keen on painting.

   Папа любит рисовать.

   父は絵を描くのが大好きです。

8. ik nen teitei liushing cangko wa pvdeu.
   女 妹妹 很 流行 歌曲 唱 爱

   妹妹爱唱流行歌曲。

   My younger sister enjoys singing pop songs.

   Сестра любит поп – музыку.

   妹はポップスを歌うのが好きです。

9. nga vkang tini maqraq sampu wa.
   我 爷爷 一天 都 散步 走

   我爷爷每天都散步。

   My grandfather takes a walk every day.

   Мой дедушка каждый день гуляет.

   祖父は毎日散歩をします。

10. vpi neu kyeum do shingwvt lei pvdeu.
    奶奶 家 在 花 种 喜欢

    奶奶喜欢在家种花。

    My grandmother likes gardening.

    Моя бабушка любит выращивать цветы
    в доме.

    祖母は家でガーデニングをするのが好き
    です。

11. vng vngcheum neu vngza wa teitei pvdeu.
    她　　　姨妈　　　饭　做　很　喜欢

    她姨妈对做饭很有兴趣。

    My aunt is interested in cooking.

    Её тётя любит готовить.

    彼女の叔母は料理作りが好きです。

12. e pvrei kei, vkeu neu mvdo kvri teitei pvdeu.
    可是，　　　舅舅　　　车　开　特别　爱

    可是，我舅舅特别爱开车。

    But my uncle loves driving.

    Но мой дядя любит водить машину.

    しかし、叔父は車を運転することが大好き
    です。

（十）chehun wa, kyeum vsvnɡ
婚姻、　　　　　家庭
Marriage & Family
Брак и Семья
結婚、家庭

1. na chehun ma nvwa a?
   你　结婚　吗　做　了

   你结婚了吗？

   Are you married?

   Ты женат?

   ご結婚されましたか？

2. nɡa　tvn　taq chehun mvwanɡ.
   我　现在　　　结婚　　没做

   我还没有结婚。

   Not yet.

   Нет, я не женат.

   私はまだ結婚していません。

3. na nishi vsvng ma vl a?
你 喜欢 人 吗 有 啊

你谈恋爱了吗?

Are you seeing someone now?

У тебя есть девушка?

恋愛していますか?

4. nga shungshing pvma tiyoq vl.
我 喜欢的 女子 一个 有

我已经有女朋友了。

I'm going out with a girl.

Да, у меня есть подруга.

私にはもう彼女がいます。

5. vng shungsheu lvngla ma vl a?
她 喜欢的 男子 吗 有

她有男朋友了吗?

Does she have a boyfriend?

У неё есть парень?

彼女には彼氏がいますか?

6. vng tvn   taq lvngla mvla.
   她   现在   男子   不找

   她还没谈恋爱呢。

   No. She isn't dating.

   Нет, у неё нет.

   彼女はまだ恋をしたことがありません。

7. nga neu legur ing.
   我   独身 是

   我是独身。

   I am single.

   Я одинока.

   私は独身です。

8. nga cha chehun wang beung.
   我 已经 结 婚   做   了

   我已经结婚了。

   I'm married.

   Я уже замужем.

   私は結婚しています。

9. nvning kyeum ma nadan?
   你们　房子　吗　有

   你们有房子吗?

   Are you a homeowner?

   У вас есть квартира?

   あなたたちは家を持っていますか?

10. ing　vdeu　kyeum man.
    我们 自己的　房子　没有

    我们没有自己的房子。

    Not at the moment.

    Нет, у нас нет квартиры.

    我々は家を持っていません。

11. nvning　vra　do nvron?
    你们　哪里 在　住

    你们住哪里?

    Where do you live?

    Где вы живёте?

    あなたたちはどこに住んでいますか?

12. ing　vpei vmei bvna rong.
　　我们　父　母　一起　住

　　我们和父母一起住。

　　We live with our parents.

　　Мы живём вместе с родителями.

　　私たちは親と同居しています。

13. vngning mi vngsvr kyeum wan.
　　他们　　　新　房子　买

　　他们买了新房子。

　　They just bought a new apartment.

　　Они купили новую квартиру.

　　彼らは新しい家を購入しました。

14. nvning lvfang do ma nvrong?
　　你们　楼房　在　吗　住

　　你们是住楼房吗?

　　Do you live in an apartment building?

　　А вы живёте в многоэтажном доме?

　　あなたたちはアパートに住んでいますか?

15. mvrong， Ing pingfang kyeum do rong.
    不住， 我们 平房   房子 在 住

    不是，我们住平房。

    No. We live in a bungalow.

    Нет，мы живём в одноэтажном доме.

    いいえ、私たちは1戸建てに住んでいます。

16. nvning chvmmra ma nadan?
    你们   孩子   吗   有

    你们有孩子吗?

    Do you have kids?

    У вас есть дети?

    あなたたちには子供がいますか?

17. ing   chvmmra tvn taq man.
    我们   孩子   现在   没有

    我们还没有孩子。

    Not yet.

    Нет，пока ещё нет.

    私たちにはまだ子供がいません。

18. vngning mvnning wang chvmmra wa pvng wa.
    他们　　明　　年　　孩子　要　　打算

　　　他们打算明年要孩子。

　　　We are planning to start a family next year.

　　　У них Будет свой ребёнок в следующем году.

　　　彼らは来年こども作るつもりです。

19. ŋa pvma vseum svla wa naɡoq teuq di.
    我　爱人　三　　月　　孩子　怀　了

　　　我爱人怀孕已三个月了。

　　　My wife is three months pregnant.

　　　Моя жена на 3 месяце беременности.

　　　家内はすでに妊娠3か月です。

20. ik nvng mi lvngla chvl tiyoq jat.
   我 姐姐　　　男　孩 一 个 生

   我姐姐生了一个男孩。

   My sister just had a baby boy.

   Моя сестра родила мальчика.

   姉のところに男の子が生まれました。

21. ingne chvmmra vni yoq raq shi sheu.
   我俩　孩子　两 个　　有

   我们有两个孩子。

   We have two kids.

   У нас двое детей.

   私たちには二人の子供がいます。

22. nga pvma chvl tiyoq raq shing.
   我　女　孩 一个　　有

   我有一个女孩。

   I have a daughter.

   У меня девочка.

   私には女の子が一人います。

23. ik pung neu lvngla chvl tigyoq pvma chvl tigyoq
    哥哥　　　　男　孩　一个　女　孩　一个
    raq sheu.
    有

    哥哥有一个男孩和一个女孩。

    My elder brother has a son and a daughter.

    У моего брата мальчик и девочка.

    兄には男の子が一人と女の子が一人います。

24. vngne neu pvra e.
    他俩　　双胞胎　是

    他们两个是双胞胎。

    They are twins.

    Они близнецы.

    あの二人は双子です。

25. na pvma kyeum do rong ma?
    你 妻子　家　在　在　吗

　　你妻子在家吗？

　　Is your wife in?

　　Твоя жена дома?

　　奥さんは家にいますか？

26. vng vngchvl sa di.
    她　　孩子　送　去

　　她送孩子去了。

　　No. She isn't home.

　　Она ушла проводить ребёнка.

　　家内は子供を送りに行きました。

27. vng mi chvmmar yvaryuen lei so di.
    她　　　孩子　　幼儿园　　送　了

　　她把孩子送到了幼儿园。

　　She took our kid to the kindergarten.

　　Она отвела ребёнка в детский сад.

　　彼女は子供を幼稚園まで送って行きました。

28. nvnik kyeum do gyomeira ma vl?
    你们　　家　在　老人　　吗　有

    你们家有老人吗？

    Do you live with your grandparents?

    В вашей семье есть старые?

    お宅にはお年寄りがいますか？

29. ik kyeum do vkang dvguan vpi vl.
    我们的家 里 爷爷　　和　奶奶 有

    家里还有爷爷和奶奶。

    My grandparents live with us.

    В нашей семье есть дедушка и бабушка.

    家には祖父と祖母がいます。

30. ing neu teitei gyenaq kya tikyeum e.
    我们　　很　幸福的　一　家庭　是

    我们是一个幸福的家庭。

    We are a happy family.

    У нас счастливая семья.

    私たちは幸せな家族です。

（十一） mvn kyeum
医　院
Hospital
Больница
病　院

1. ya sep　do mvn kyeum ma vl?
　 这附近 在　　医院　　吗 有

　　这一带有医院吗？

　　（Excuse me.）Are there any hospitals around here?

　　Есть ли здесь больница?

　　この近くに病院はありますか？

2. mvchvl do vyaq mongmong leu neu mvn kyeum e.
　 前面　在 那 白　白 楼　　　医院　　是

　　前面那栋白楼就是医院。

　　The white building ahead is a hospital.

　　Белое здание впереди больница.

　　前方の白い建物が病院です。

3. mvn kyeum lei vtei wa di sa e?
   医　　院　　怎么　　走　是

   到医院怎么走？

   Excuse me. How can I get to the hospital?

   Как добраться до больницы?

   病院までどのように行けばいいですか？

4. yaq mvlong pang tu svtu pvdi.
   这　　路　　从　　一直　　走

   顺着这条大道一直走。

   Walk along this street.

   Прямо по этой улице.

   この大通りに沿って真直ぐ行って下さい。

5. vya teum, vseum tvm hungteung vl kol nvdu pang
   然后， 第三 处 红灯 有的 到 从

   vbrvng lap lei pvdi.
   右 方向 走

   然后，遇到第三个红绿灯右拐。

   Turn right at the third traffic light.

   Потом сверните направо у третьего светофора.

   そして、三番目の信号を右に曲がってくだ
   さい。

6. vyaq di neu, vbrvng lai lei di di vdu e?
   那么， 右 拐 走 到 吗

   那么，右拐就会到了吗？

   Then will I am there?

   Таким образом, свернув направо, я смогу дойти?

   そしたら、右に曲がったら着くんですか？

7. vbrvng lai lei di teum, bali vbli sha mi wa pvng lei
　右　　　拐　　后　　再　四　百　米　　　里

di sa e.
走　要

　　右拐后，还要往里走四百米。

　　No. You will have to walk another 400 meters.

　　Направо и дальше прямо пройти четыреста метров.

　　右に曲がってから、さらに400メートル進ん

　　で下さい。

8. ya do neu mvn kyeum ma e?
　这里　　　医　院　吗　是

　　这里是医院吗？

　　Excuse me. This is hospital, isn't it?

　　Это больница？

　　ここは病院ですか？

9. e,　　ya do neu mvn kyeum e.
　　是的, 这 里　　医　　院　　是

　　　是的, 这里是医院。

　　　Yes, it is.

　　　Да, это больница.

　　　はい、ここは病院です。

10. za gyvng kol neu　vra　do e?
　　病　看　处　　哪里 在 是

　　　门诊部在哪里?

　　　Where is the outpatient department?

　　　Где амбулатория?

　　　外来はどこですか?

11. za gyvng kol neu mvn kyeum pvngka long vgui lap
    病　看　处　　　医院　　　大堂　　　左　侧

    do　e.
    在　是

    门诊部在医院大堂左侧。

    To the left of the lobby.

    Амбулатория с левого торца здания.

    外来は病院のフロントの左側です。

12. nga kuaho timei wang ning.
    我　挂号　一个　　想要

    我想挂个号。

    Hello. I'd like to register.

    Я хотел бы записаться к врачу.

    わたしは診察券をもらいたいです。

13. na vtvng ho nvwa pvng wa?
    你 什么 号 挂   要

    你挂什么号?

    Hello. Which department?

    К какому врачу?

    あなたは、なに科にかかりたいのですか?

14. nga nuiko ho wa pvng wang.
    我 内科 号 挂   要

    我想挂内科号。

    I'd like to register for internal medicine.

    К терапевту.

    私は内科にかかりたい。

15. nga cuancha ho wa pvng wang.
    我   专家 号 挂   想要

    我想挂专家号。

    I'd like to see a specialist.

    К специалисту.

    私は専門医師の診察を受けたいです。

16. na mi nvlu ho ya do pvro.
    你　　拿的 号 这 里　放

请你把挂的号放在这里。

Please put your registration card here and wait for your turn.

Оставьте ваш талон здесь.

診察券をここに置いてください。

17. za vsvng neu vngho pang dvjer sheu jin pvgyvn.
    患　　者　　号　按　　排队　着　　看

患者都按号排队看病。

Look, everyone is waiting in line for their turn.

Пациенты　должны　обращаться　к　врачу по очереди.

患者さんは診察番号の順番で医者に診てもらいます。

18. na vra kei mvnggvm a.
你　哪里　不舒服　啊

你怎么不舒服？

Why are you here today?

На что вы жалуетесь?

どこが悪いですか?

19. nga moq zang u jik.
我　感冒　病　头　痛

我感冒头痛。

I've got a headache. I think I'm coming down
with a cold.

У меня болит голова от простуды.

私は風邪をひいて、頭が痛いです。

20. na mi tiwvnpyo rali pvng do pa mvgyep.
    你　　体温表　腋　下　在　　夹

    请你把体温表放在腋下。

    Please put this thermometer under your armpit.

    Возьмите термометр под мышку.

    体温計を脇の下に挟んでください。

21. na gvisvng chuq nakat ra.
    你　确实　一点　发烧

    你确实有点发烧。

    You've got a temperature.

    У тебя действительно температура.

    あなたは確かに熱があります。

22. na moq vdvng ni wa nvkya?
    你 感冒　几　天　病

    你感冒几天了？

    How long have you had it?

    Когда ты простудился?

    風邪をひいてから何日経っていますか？

23. nga vni ni wa zang.
　　我　两天　　病

有两天了。

Two days.

Уже два дня.

二日経っています。

24. vtvng mvn ma kai nvri?
　　什么　药　吗　吃　过

吃过什么药吗?

Are you taking anything for it?

Какие лекарства ты принимал?

何か薬を飲みましたか?

25. nga vtvng mvn sheu mvkei.
　　我　什么　药　也　没吃

我没吃任何药。

I haven't taken any medication for it.

Никаких.

私は何の薬も飲んでいません。

26. vyaq di, na lei moq mvn chuq bing ning.
　　那么，　你　感冒 药 一点 给

　　那么，给你开点退烧药吧。

So I'm going to give you a prescription for your fever.

Тогда, я пропишу лекарства от простуды.

では、風邪薬を処方します。

27. vman neu, nvloq teum ngangsu chom pv ngaq,
　　另外，　　回去 后　开水　多　　喝
nvnggvm pa – rvna.
好好　　　休息

　　另外，回去多喝些白开水，好好休息。

You should drink plenty of water and take good rest.

Кроме того, пейте побольше воды и хорошо отдыхайте.

また、お湯をたくさん飲んで、よく休んでください。

28. ya do neu mvn lu kol e.
　　这里　　　药　取处　是

　　　这里是取药口。

　　　You can get your medicine at this window.

　　　Это окно для выдачи лекарств.

　　　ここは薬を受け取る窓口です。

29. ya neu ma vkat sa mvn e.
　　这　　不　烧　的　药　是

　　　这是退烧药。

　　　Here is your antipyretic.

　　　Это жаропонижающее средство.

　　　これは熱を下げる薬です。

30. moq mvn tini do vseum kvt pvkai, tikvt vni lung
    感冒药 一天 在 三 次 吃， 一次 两 颗
    pvkai.
    吃

    退烧药一天吃三次，每次吃两片。

    Take two tablets at a time, three times a day.

    Принимайте лекарство от простуды три раза

    в день，каждый раз по две таблетки.

    風邪薬は一日三回、毎回二錠を飲んでくだ

    さい。

31. mvn nvnggvm pvbraq sheu, nvnggvm pvloq!
    药   好好   拿，   好好回去

    请你把药拿好，再见！

    Take care and goodbye!

    Возьмите лекарства. До свидания！

    薬をお忘れないように。お大事に。

（十二） svra wvn

购　物

Shopping

Покупка

買い物

1. nga ko lei tikvt ding ning.
　我　外面　一次　去　　吧

　　我要出去一趟。

　　I have to go out for something.

　　Мне нужно выйти.

　　私は出かけてきます。

2. vra lei nvdi pvng wa?
　哪里　　你去　要

　　要去哪里？

　　Where are you going?

　　Куда ты идёшь?

　　どこに行きますか？

3. sangcang lei chuq ding ning.

    商场　　　一下　去　吧

    去商场。

    To the store.

    В универмаг.

    デパートに行きます。

4. na vra peimei sangcang lei nvdi pvng wa?

    你　哪　个　　　商场　　　去　　要

    你去哪个商场?

    Which one?

    В какой универмаг?

    あなたはどのデパートに行きますか?

5. peiho sangcang lei di pvng wang.

    百货　　商场　　去　　要

    去百货商场。

    The department store.

    В ГУМ.

    百货店に行きます。

6. na vtvng nvwvn pvng wa?
   你 什么　买　　要

   你要买什么?

   What are you going to buy?

   Что вы хотите купить?

   あなたは何を買いますか?

7. nga kei sa svra wvn pvng wang.
   我　吃的 东西 买　　要

   我要买吃的东西。

   Some food.

   Мне нужно купить продукты.

   私は食品売り場へ行きたい。

8. vng sheu kei sa svra wvn pvng wa ma?
   她　也　吃的 东西 买　　要　　吗

   她也要买吃的东西吗?

   Does she also want to buy some food?

   Ей тоже нужны продукты?

   彼女も食品売り場へ行きますか?

9. me,　　ik　nen　neu　vkat　vngji　gua　sa　yoq　wvn
不是，我　妹妹　　　热　　天　　穿的　衣服　买

pvng wa wa.
要

不是，我妹妹要买夏天穿的衣服。

No, my younger sister only wants to buy some
summer clothes.

Нет, моя сестра хочет купить летнюю одежду.

いいえ、妹は夏の洋服を買うつもりです。

10. peiho sangcang do vtvng sheu vl.
百货　商场　在　什么　都　有

百货商场里什么都有。

You can find anything in the department store.

Чего только нет в универмаге.

百货店には何でもあります。

11. na nv gvm! svra nvm vsvng!
   你　　好　　货　　售　　员

   售货员你好！

   Hello.

   Здравствуйте!

   こんにちは。

12. na vtvng nvwvn pvng wa?
   你　什么　买　　要

   你要买什么吗？

   Can I help you?

   Что вы ищете?

   何をお探しですか？

13. ko yoq　　nga lei pvlu wang.
   那件衣服 我　　　拿　　来

   请你给我拿那件衣服。

   Can I see that dress?

   Покажите мне эту одежду.

   あの洋服を見せてください。

14. ya temboq ngul vdvng o?
　　这　上衣　钱　多少

　　这件上衣多少钱?

　　How much is this top?

　　Сколько стоит эта одежда?

　　このシャツはいくらですか?

15. yaq temboq neu kong teitei vdu.
　　这　　衣服　　价格　很　合理

　　这件衣服的价格还算合理。

　　The price is reasonable.

　　Это приемлемая цена.

　　この洋服の値段は普通です。

16. yaq to vdung do gua sa yoq ma dvgrang a?
　　这　套　内　　穿的衣服　吗　好看　啊

　　这套内衣好看吗?

　　This undergarment looks good, doesn't it?

　　Красиво ли это бельё?

　　この下着のセットはきれいですか?

17. nga mi gyvng bei tei dvgrang.
　　我　　看　的话 很　好看

我觉得很好看。

Well, I think it does.

Мне кажется, что красиво.

私はきれいだと思います。

18. nga yaq yoq ma hon a?
　　我　这 衣服 吗 合身 是

我穿这衣服合身吗？

Dose it fit me?

Идет ли мне эта одежда？

私にはこの服が合っていますか？

19. yaq yoq na kei dvba mvhon.
　　这衣服　你　太　不合身

你穿不太合身。

I'm afraid it doesn't fit you.

Не очень.

あなたにはちょっと合わないです。

20. yaq nvmbu vman yense vya ma vl?
    这　裤子　其他　颜色　那种　吗　有

    这条裤子还有其他颜色的吗？

    Do you have these trousers in other colors?

    Есть ли такие брюки другого цвета?

    このズボンには別の色がありますか？

21. man, naqnaq vya dvng lvng vl.
    没有, 黑色的 那种　　只　　有

    没有，只有黑颜色。

    Sorry, we only have black ones for this style.

    Нет, только тёмного цвета.

    いいえ、黒しかないです。

22. nga shapeun lvgru tizeum wvn pvng wang.
    我　皮　鞋　一双　买　　想

    我想买一双皮鞋。

    I'm looking for a pair of leather shoes.

    Я хотел бы купить пару ботинок.

    私は皮靴を一足買いたいです。

23. svra wvn di tvkeuq sa tuice vra do vl?
　　购物　　　拉的　　　推车 哪里 在 有

　　哪里有购物用的小推车？

　　Where can I find a shopping cart?

　　Где можно взять тележку?

　　買い物カートはどこですか?

24. sangcang zvng sheu sa pvngka sep do vl.
　　商场的　　　进去的　　　门　边 在 有

　　就在商场的入口处。

　　You can get one at the entrance.

　　У входа в универмаг.

　　デパートの入り口のところにあります。

25. vmei mi nungngua nung dvguan kaleum wan.
　　妈妈　　　牛　奶　和　　鸡蛋　买

　　妈妈买了牛奶和鸡蛋。

　　My mother bought some milk and eggs.

　　Мама купила молоко и яйца.

　　母は牛乳と卵を買いました。

26. vpei mi vtvng sheu mvwan.
   爸爸　什么　也　　没买

   爸爸什么都没买。

   My father did not buy anything.

   Папа ничего не купил.

   父は何も買いませんでした。

27. svra nvm vsvng a, vra do ngul zvng sa e?
   售货员，　　　　　哪里　钱　付　要

   售货员，付款台在哪里？

   Excuse me. Where is the cashier?

   Подскажите, где касса?

   お会計はどこですか？

28. yaq svra neu vdvng vpeu?
   这　货物　　多少　值

   这些货物多少钱？

   How much are these?

   Сколько всего за эти товары？

   これ、全部でおいくらですか？

29. svnaq neu × × meu e.
   全部　　× × 元　是

   全部是××元。

   They are... yuan all together.

   Всего × × юаней.

   合計××円です。

30. yaq svra chuq pa tvkyeq wang.
   这　货物　稍　　包装

   请你给我打包这<u>些</u>货物。

   Please wrap them up for me.

   Заверните, пожалуйста, эти покупки.

   包装をしてください。

31. vnvm sheu pvdi ra e.
   以后　您　来　吧

   欢迎您再来。

   Come back and see us again.

   Добро пожаловать еще раз.

   また、いらしてください。

（十三） chicang do
机　　　场
At the Airport
Аэропорт
空　港

1. ya neu peiching chicang e.
　　 这　　　北京　　机场　　是

这里是北京首都国际机场。

Here is the Beijing International Airport.

Это аэропорт Пекина.

ここは北京空港です。

2. chicang do vsvng teitei beum.
　　机场　　里　人　　很　　多

机场里人很多。

Oh, it's packed here.

В аэропорту много людей.

空港は人でいっぱいです。

3. chicang do ka kri sa kol vra do e?
机场 在 话 问的 地方 哪里 在 是

机场问询处在哪里？

Excuse me. Where is the information desk?

Где в аэропорту справочное бюро?

空港のインフォメーションはどこですか？

4. chicang do pvngka long zvng sheu sa kol do e.
机场 大堂 入 处 在 是

在机场大堂入口处。

At the entrance to the main lobby.

У входа в аэропорт.

空港の入り口のところにあります。

5. ya do neu kri sa kol ma e?
这 问的地方 吗 是

这里是问询处吧？

So this is the information desk, isn't it?

Это справочное бюро？

ここはインフォメーションですか？

6. e,　　　ya do neu kri sa　kol　e.
　　是的,　　这 里　　问的 地方 是

　　是的, 这里就是问询处。

　　Yes, it is.

　　Да, здесь справочное бюро.

　　はい、ここはインフォメーションです。

7. na vtvng wa sa vl?
　　你 什么 做的 有

　　你有什么事吗?

　　Can I help you, Sir (Madam or Miss)?

　　Что вы хотите?

　　なにか御用ですか?

8. nga chipyo wvn pvng wang.
　　我　机票 买　　要

　　我想买机票。

　　I'd like a ticket.

　　Я хочу купить авиабилет.

　　航空券を買いたいのですが。

9. na vra lei nvdi pvng wa?
   你　哪里　去　　要

   你要去哪里？

   Where to?

   Куда Вы летите?

   どちらに行きますか？

10. nga Sanghai lei di pvng wang.
    我　　上海　　去　　要

    我去上海。

    To Shanghai.

    В Шанхай.

    私は上海に行きます。

11. Sanghai lei di chipyo neu C kol lei pvwvn beu.
    上海　　　去的　机票　　C 处 到 去买　　吧

    去上海的机票要到 C 口去买。

    Please move to window C for tickets to Shanghai.

    Купите билет в Шанхай в кассе C.

    上海行きの航空券はCカウンターで買えます。

12. C kol neu vra do e?
    C 处   哪里 在 是

    C 口在哪里?

    Where is it?

    Где касса C?

    Cカウンターはどこですか?

13. D kol vbrvng lap do e.
    D 处   右   侧 在 是

    在 D 口右侧。

    To the right of window D.

    Направо от кассы D.

    Dカウンターの右側です。

14. na chipyo ma nvwvn pvng wa?
    你 机票 吗 买   要

    你要买机票吗?

    Can I help you, Sir (Madam or Miss)?

    Вам нужен авиабилет?

    あなたは航空券を買いますか?

15. wvn pvng wang, nga Sanghai lei di chipyo timei
买 要， 我 上海 去的 机票 一张
wvn pvng wang.
买 要

是的，我要想买一张去上海的机票。

Yes. I need a ticket to Shanghai.

Да, мне нужен билет в Шанхай.

はい、私は上海行きの航空券を一枚買いた
いです。

16. vyaq di neu, na ya kei pa dvjer sheu.
那么， 你 这里 排队

那么，你就在这里排队吧。

Please line up here.

Пожалуйста, встаньте в очередь.

では、ここに並んでください。

17. na singfeuncing pvzon.
    你　身份证　拿给我

    请你将身份证给我。

    ID card, please.

    Паспорт, пожалуйста!

    身分証明書を見せてください。

18. ya neu　na　chipyo e.
    这　你的　机票　是

    这是你的机票。

    Here is your ticket.

    Это ваш билет.

    これがあなたの航空券です。

19. svra　chenca　wa kol　vra do e?
    行李　检查　做的地方　哪里在　是

    安检口在哪里？

    Excuse me. Where is the security check?

    Где контроль безопасности?

    安全検査はどこですか？

20. svra chenca wa kol neu vdung lei vni sha mi wa
　　行李　检查　做的地方　　往里　二　百　米

pvdi, teum vgui lap lei nvdi di vdu.
走，　然后　左　方向　走　就到

　　去安检口要往里走两百米，然后左拐就到了。

　　Walk 200 meters then turn left. You can ' t

　　miss it.

　　Двести метров прямо и потом налево.

　　安全検査の場所は、この奥へ200メートル進
　　み、左に曲がったらすぐです。

21. na svra nvnggvm pvbraq.
　　你 行李　好好　　拿

　　请你把行李拿好。

　　Please hold on to your luggage.

　　Возьмите багаж.

　　手荷物を忘れないように。

22. Sanghai lei di feichi lei zvng sheu sa kol vra
　　上海　　　去的　飞机　进去　的地方　　哪里
　　kei e?
　　在　是

　　　　去上海的登机口在哪里?

　　　　Where is the boarding gate for the flight to Shanghai?

　　　　Где регистрация на рейс в Шанхай?

　　　　上海行きの搭乗口はどこですか?

23. A kol wei zvng sheu sa e.
　　A 处　从　进　　去

　　　　请从 A 口登机。

　　　　Please proceed to Gate A.

　　　　У стойки A.

　　　　搭乗口 Aです。

24. vdang   feichi lei zvng sheu sa e?
什么时候 飞机   进去   是

什么时候登机？

What time does boarding start?

Когда начнётся посадка?

何時に搭乗できますか？

25. vseum svl heu teum do zvng sheu sa e.
三   十 分 后 在   进去   是

半个小时以后登机。

In 30 minutes.

Через полчаса.

三十分後に搭乗します。

26. feichi lei zvng sheu di tipo chvl tilung lvng braq
飞机　　　进去　小提包　小　一个　只　带

nyi.
可以

登机时只能带一件小提包。

You are allowed only a small piece of carry – on

luggage.

При посадке у каждого пассажира может

быть только одно багажное место.

機内に手荷物は一つしか持ち込めません。

27. svra svri di vbli svl kyi　vli　svra lvng
行李托运　四　十　斤　重量　行李　只

svri nyi.
托运可以

托运行李重量不能超过二十公斤。

Airline policy only allows checked luggage weig-

hing less than twenty kilograms.

Вес багажа не должен превышать двадцать

килограммов.

預けられる荷物の重量は二十キロまでです。

28. na   rong sa kol neu 18 pei A kol do e.
    你的   座位   18 排 A 座 在 是

    你的座位是 18 排 A 座。

    Your seat is Row 18 Seat A.

    Ваше место 18 ряд А.

    あなたの席は18列のA席です。

29. na   rong sa kol do ɡvm pvrong.
    你的   座位   在 好   坐

    请你在自己的座位上坐好。

    Please take your seat!

    Займите своё место.

    自分の席に座ってください。

30. na anchuentai mi nvnɡɡvm pvprvn sheu.
    你 安全带 用 好好   系

    请你系好安全带。

    Please fasten your safety belt.

    Пожалуйста, пристегните ремень безопасности.

    シートベルトをしっかり締めてください。

31. feichi ber di! Peiching, vnvm vgyvng gol!
飞机 起飞了， 北京， 再 见

飞机起飞了，北京，再见！

The plane is taking off. Goodbye, Beijing.

Самолёт взлетает. До свидания, Пекин!

飛行機が離陸しました。さようなら、北京！

（十四） **piŋkuan**

宾 馆

Hotel

Гостиница

ホテル

1. ya do neu piŋkuan ma e a?
   这里　　　宾馆　吗 是 啊

   这是宾馆吗?

   This is a hotel, isn't it?

   Это гостиница?

   ここはホテルですか?

2. e,　na piŋkuan do ma nv ip pvŋ wa?
   对, 你　宾馆　在 吗 睡　　要

   对，你要住宾馆吗?

   Yes, it is. Do you need a room?

   Да, Вам нужно снять номер?

   はい。お泊りですか?

3. e,　　nga tiyoq ip sa　vya　titeuq geung.
是的, 我　一人 睡的 那个　一间　　要

是的, 我要一个单人间。

Yes. I'd like a single room.

Да, мне нужен одноместный номер.

はい、シングルルームお願いします。

4. nga vnggeu jvn sa vl　vya　titeuq geung.
我　　身子　洗的 有 那个　一间　　要

我要带洗澡间的客房。

I want one with a bathroom.

Мне нужен номер с ванной.

シャワー付きの部屋をお願いします。

5. tiyaq neu vdvng e?
一 夜　　多少　是

住宿一天多少钱?

How much is it per night?

Сколько за сутки?

一泊いくらですか?

6. na vdvng ni wa nvrong pvng wa?
　　你　几　天　　住　　要

你要住几天?

How long will you be staying?

На сколько дней вы остановитесь?

何泊泊まりますか?

7. tiq shingchiq wa rong.
　　一　　星期　　　住

住一个星期。

For a week.

На неделю.

一週間泊まります。

8. na tisvl cing do ma nvgeu?
　　你　十　层　在　吗　要

你住十层可以吗?

How about a room on 10th floor?

На десятом этаже вас устроит?

十階の部屋でよろしいですか?

9. nga pvnga cing pvng do kyeum teuq geung.
   我　　五　　层　　以下　　　客房　　　要

   我想住五层以下的客房。

   Sorry, but I'd like a room on a floor below the 5th.

   Мне　　бы　　хотелось　　номер　　не　　выше
   пятого этажа.

   五階以下の部屋に泊まりたいです。

10. yaq jvgye do na, pvbri sheu.
    这　　纸　　上 你　　　写

    请填写登记卡。

    Please fill in this registration form.

    Заполните анкету.

    宿泊カードに記入してください。

11. ya neu na pvngka tan sa ka e.
    这   你的   门   开的 卡 是

    这是你的房卡。

    Here is your room key.

    Вот ваша карточка.

    これがお部屋のカードキーです。

12. luikuan do vngza kei sa kol vdvng cing do e?
    旅馆   在 饭 吃的地方   几   层 在 是

    旅馆用餐处在几层?

    Does the hotel have a restaurant?

    На каком этаже ресторан?

    ホテルの食堂は何階にありますか?

13. vngza kei sa kol neu tiq cing vni cing do svnaq
　　饭吃的地方　　　　一　层　二　层　在　都

vl.
有

　　一层和二层都有餐厅。

　　Yes. You can find restaurants on the first and
　　second floors.

　　На первом и втором этаже.

　　一階と二階、両方に食堂があります。

14. svra braq vnet vsvng ma vl?
　　行李　拿　帮助　人　吗　有

　　有人帮助拿行李吗?

　　Can someone help me with my luggage?

　　Кто － нибудь поможет мне отнести вещи?

　　荷物運びを手伝ってくれる人はいますか?

15. fuwuyuen mi ya braq nanet.
　　服务员　　会 拿　帮助

　　　服务员帮你拿行李。

　　　Don't worry. A porter will take your luggage to
　　　your room.

　　　Портье поможет отнести вещи.

　　　スタッフが手伝います。

16. na mi nga svra chuq kyeum lei pvbraq
　　你　我的 行李 一下　房间　　拿
　　wang e.

　　　请你把我的行李拿到房间。

　　　Please take the luggage up to my room.

　　　Пожалуйста, поднимите мой багаж в номер.

　　　私の荷物を部屋に運んでください。

— 130 —

17. kyeum vdung do ngang leum ma vl?
　　房间　　里　　热　水　吗　有

房间里有热水吗?

Is hot water available in my room?

В номере есть горячая вода?

部屋にお湯はありますか?

18. kyeum vdung do 24 dvm svnaq ngang leum vl.
　　房间　　里　24 小时　都　　热　　水　有

房间里 24 小时供应热水。

Yes, Sir (Madam or Miss). Hot water is available in all rooms 24 hours a day.

В номере круглосуточно есть горячая вода.

部屋には24 時間お湯があります。

19. vman neu, tyen svchi、tyen pingshvng sheu vl.
    另外，　　 电视机、　　 电冰箱　　 也　有

    另外，还有电视机、电冰箱。
    Plus, you can find a TV and fridge in your room.
    Кроме того, ещё телевизор и холодильник.
    このほか、テレビ、冷蔵庫もあります。

20. yoq jvl vsvng sheu ma vl?
    衣　洗　的人　也　吗　有

    有洗衣服务吗?
    Do you have laundry service?
    Есть ли прачечная?
    クリーニングサービスはありますか?

21. vl,　　ik do　 yoq jvl vngpeu ma rvjaq.
　　有，我们这里 衣 洗 价格 不 　贵

　　　有，我们这里洗衣价格很合理。

　　　Yes, we offer a reasonably priced laundry service.

　　　Да, есть и цена приемлемая.

　　　あります。クリーニング代は高くありま
　　　せん。

22. ya neu vdvng shingchi pingkuan　e?
　　这　　 几　 星级　 宾馆　 是

　　　这是几星级宾馆?

　　　What is the star rating for this hotel?

　　　Какого уровня это гостиница?

　　　ことらのホテルは星幾つですか?

23. ya neu pvnga shingchi pingkuan e.
　　这　　　五　　星级　　宾馆　　是

是五星级宾馆。

This is a five star hotel.

Это пятизвёздная гостиница.

五つ星ホテルです。

24. cangtu tyenhua ma deu nyi a?
　　长途　　电话　吗　打　能　啊

可以打长途电话吗?

Can I make long – distance calls from my room?

Можно ли делать междугородние звонки?

長距離電話をかけられますか?

25. tiq cing chetai wa kol do ngu chuq ro teum deu
    一 层 接待 做 处 在 钱 一点 放 后 打

nyi.
可以

到一楼接待处交完押金才可以打长途。

Yes, Sir. But a deposit is required you can pay it
at the reception.

Оставьте деньги на первом этаже у стойки
администратора и можете звонить.

一階の応接カウンターから、代金前払いで
長距離電話が掛けられます。

26. na vsvng svrang kruq dvm do nga chuq
    你 明 早 六 点 在 我 一下

pasat rang.
叫醒

请你明早六点叫醒我。

Please wake me up at 6:00 tomorrow morning.

Разбудите меня в шесть часов утра.

明日朝六時に起こしてください。

27. cuantan chuq pa gvlei wang.
　　床单　　一下　换　给我

　　　请换床单。

　　　Please change the sheets.

　　　Замените, пожалуйста, простыню.

　　　シーツを変えてください。

28. kyeum chuq pvsheum wang.
　　房间　　一下　打扫　给我

　　　请打扫一下房间。

　　　Please clean my room.

　　　Уберите, пожалуйста, номер.

　　　部屋を掃除してください。

29. vdvng dvm do kyeum mvdeum sa e?
　　几　　点　在　房间　　退　是

　　　最晚几点退房？

　　　What's the latest I can check out?

　　　Когда нужно освободить номер?

　　　一番遅くて、何時にチェックアウトできますか?

30. nga kyeum mvdeum pvng wang, ngul vdvng e?
    我　房间　退　　要,　　钱　多少

    我要退房，多少钱？

    I'd like to check out.

    Я сдаю номер, сколько с меня?

    チェックアウトしたいです、いくらですか？

31. na mi svchi timei pvbing.
    你　收据一张　给

    请你给开个收据。

    I need a receipt.

    Чек, пожалуйста.

    領収書をください。

32. ya pingkuan neu fuwu teitei gvm.
    这　宾馆　　服务　很　好

    这宾馆的服务真好。

    This hotel has very good service.

    В этой гостинице хорошее обслуживание.

    このホテルのサービスは結構いいです。

（十五） luiyeu wa
旅　游
Travel
Туризм
旅　行

1. na luiyeu wa ma na pvdeu?
   你 旅游 做 吗　喜欢

   你喜欢旅游吗？

   Do you like travelling?

   Ты любишь путешествовать?

   あなたは旅行が好きですか?

2. ŋa luiyeu wa teitei pvdeung.
   我　旅游 做 很　喜欢

   我很喜欢旅游。

   Yes, indeed.

   Да, люблю.

   私は旅行が大好きです。

3. ing   tikyeum vsvng svnaqnaq luiyeu wa pvdeu.
   我们 一家   人   都   旅游 做 喜欢

   我们家里人都喜欢旅游。

   My family likes travelling.

   Вся моя семья любит путешествовать.

   私の家族はみんな旅行が好きです。

4. nga neu ching wei vlang vpei vmei bvna tikat luiyeu
   我   小 从 时 父 母 和 一起 旅游
   wa lei ding.
   做   去

   我从小就和父母一起旅游。

   I travelled a lot with my parents when I was a kid.

   Я с детства путешествовал с родителями.

   私は小さい時からよく両親と一緒に旅行をし
   ました。

5. ing   beumbeum mvli yvng ri.
   我们   很多   地方 看 过

   我们去看过很多名胜古迹。

   We have been to many great sites.

   Мы видели много достопримечательностей.

   私たちは多くの名所を見たことがあります。

6. vsvng neu luiyeu wa wei beum beum vtvng tvng vsa.
   人   旅游 做 从   很多   东西   会

   人们通过旅游学到很多知识。

   Travelling teaches you a lot.

   Путешествия дают человеку много знаний.

   人々は旅行を通じて多くの知識を学びます。

7. na cangcing lei ma di nvri?
   你   长城   吗 去 过

   你去过长城吗？

   Have you been to the Great Wall?

   Ты был на Великой стене?

   あなたは万里の長城に行ったことがありますか？

8. vni kvt di ring.
　 两　 次　去　过

　　去过两次。

　　Yes. I've been there twice.

　　Я был там два раза.

　　二回行ったことがあります。

9. nvning vman vra mvli di nvrin?
　 你们　　别　哪　里　去　过

　　你们还去过哪里？

　　Any other great places?

　　Куда еще вы ездили?

　　あなたたちは、ほかにどこへ行ったことがありますか?

10. vman Hainan mvli di ring.
　　 别　　海南　地方　去　过

　　还去过海南。

　　I've been to Hainan Island.

　　Мы ещё были на острове Хайнань

　　海南島にも行ったことがあります。

11. vngning wangu mvli do lvka shindvm mvli di
    他们　　北方　地方　在　山　　草原　　地方　去
    ri.
    过

　　　他们去过北方的草原。

　　　They've been to the prairie in the North.

　　　Они ездили на север в степь.

　　　彼らは北方の草原に行ったことがあります。

12. cungko do luiyeu wa sa kol beumbeum vl.
    中国　　在　旅游　的　地方　　很多　　有

　　　在中国旅游的地方有很多。

　　　There are lots of great tourism sites in China.

　　　В Китае много мест, которые стоит посетить.

　　　中国には、観光地がとても多いです。

13. na neu luiyeu wa lei nvdi ma e?
    你　　旅游 做　　来 吗 是

    你是来旅游的吗？

    You are a tourist, are you?

    Вы турист？

    旅行でこちらへみえたのですか？

14. e,　　nga neu luiyeu teitei wa pvdeung vsvng
    是的，我　　　旅游　很　做　喜欢　　人
    tiyoq　ing.
    一个　是

    是的，我是一名旅游爱好者。

    Yes, I am.

    Да, я любитель туризма.

    はい、私は旅行好きです。

15. luiyeu meunpyo vdvng o?
　　旅游　门票　多少　做

　　　旅游门票多少钱?

　　　How much is admission to the park?

　　　Сколько стоит входной билет?

　　　入場券はいくらですか?

16. tiyoq　tisvl hyvt meu　e.
　　一人　十　八　元　是

　　　每人十八元钱。

　　　18 yuan per person.

　　　Восемнадцать юаней.

　　　一人十八元です。

17. vdung　do luiyeu paseu ma vl?
　　里面　　　旅游 巴士 吗 有

　　　里面有旅游巴士吗?

　　　Is a shuttle bus available?

　　　Там есть туристический автобус?

　　　そこには観光バスがありますか?

18. luiyeu wa bei luiyeu paseu rong sa kya.
　　旅游　　时　　旅游　巴士　乘坐　　要

　　旅游时都要乘坐旅游巴士。

　　Yes, we provide it to the tourists.

　　Во время путешествия надо ехать на туристическом автобусе.

　　観光のときはみんな観光バスに乗ります。

19. nvning toyeu ma gol?
　　你们　导游　吗　需要

　　你们需要导游吗？

　　Do you need a guide?

　　Вам нужен экскурсовод?

　　あなたたちはガイドが要りますか？

20. tiyoq gol.
一人 需要

需要一名导游。

Yes, we do.

Да, нужен экскурсовод.

はい。一人必要です。

21. toyeu mi yingyi ka ma geuq so?
导游　　英语 话 吗　说　会

导游会说英语吗?

Does the guide speak English?

Говорит ли экскурсовод по‐английски?

ガイドさんは英語が話せますか?

22. vng　 yingyi ka teitei geuq so.
她的 英语 话 很　讲 会

她的英语很好。

Yes, she speaks English very well.

Она хорошо говорит по‐английски.

彼女の英語は大変上手です。

23. na uzu ya lei ma di nvri?
    你 过去 这里 吗 来 过

    你过去来过这里吗?

    Have you been here before?

    Раньше Вы были здесь?

    あなたは以前、ここに来たことがありますか?

24. di mvring, tikvt sheu di mvring.
    没有来过, 一次 也 来 没有过

    没有, 一次都没有来过。

    No, I haven't.

    Нет, ни разу.

    いいえ、一度もありません。

25. ng ya lei tikvt di ring.
    我 这里 一次 来 过

    我第一次来这里。

    This is my first visit.

    Я здесь первый раз.

    私は初めてここに来ています。

26. ya do mvli ngang teitei dvgrang.
　　这里　山　水　非常　　美

　　　这里的山水真美。

　　　It's a fantastic place.

　　　Здесь очень красиво.

　　　ここの風景は本当に美しいですね。

27. ik tin mi ya do beumbeum mvli shvngpyen
　　弟弟　　　这里　许多　风景　相片
　　tap.
　　拍

　　　弟弟在这里拍了许多风景照。

　　　My elder brother has taken lots of photos.

　　　Брат сделал здесь много фотографий.

　　　弟はここで、写真をたくさん撮りました。

28. nga mi cha cha sheu ewa dvgrang mvli
    我   从来   这么 美丽的 地方

    gyvng mvring.
    见   没有过

    我真没有见过如此美丽的山水。

    I have never seen anything more beautiful.

    Я никогда не видел такой красоты.

    私はこんな美しい景色を見たことがない
    です。

29. nga neu cu chem lei di pvdeung, shindvm mvli
    我   海   边   去 喜欢，   草原   地方

    sheu gyvng pvdeung.
    也   看   喜欢

    我喜欢海边，也喜欢草原。

    I love the beach and also the grasslands.

    Я люблю море и степь тоже.

    私は海が好き、草原も好きです。

独龙语基础词汇 300 例

序号	汉语	独龙语	英语	俄语	日语
1	天	muq	sky	небо	天
2	地	mvli	land	земля	大地
3	云	rvmeut	cloud	облоко	雲
4	风	nvmbeung	wind	ветер	風
5	雨	nvm	rain	дождь	雨
6	雪	tvwvn	snow	снег	雪
7	雷	muq dvreung	thunder	гром	雷
8	彩虹	mvshing gyoq	rainbow	радуга	虹
9	太阳	nvm lung	sun	солнце	太陽
10	月亮	svla	moon	луна	月
11	星星	gurmet	star	звезда	星

序号	汉语	独龙语	英语	俄语	日语
12	山	lvka	mountain	гора	山
13	岩石	vpraq lung	rock	пород	岩石
14	石头	lung	stone	камень	石
15	土	vsa	earth	почва	土
16	沙子	cvwaq，vpi	sand	песок	砂
17	水	ngang	water	вода	水
18	江	rvmei	long river	река	川
19	河	wangdong	river	река	河
20	湖	neu	lake	озеро	湖
21	海	cu rvmei	sea	море	海
22	泉	wangchi	spring	источник	泉
23	火	tvmi	fire	огонь	火
24	树、木	shing	tree/wood	дерево	木
25	树枝	tvngkaq	branch	ветка	枝
26	树叶	shinglvp	leaf	лист	葉
27	树根	shingreu	root	корень дерева	根

序号	汉语	独龙语	英语	俄语	日语
28	花	shingwvt	flower	цветы	花
29	草	shin	grass	трава	草
30	年	ning	year	год	年
31	今年	tvnning wang	this year	этот год	今年
32	明年	mvnning wang	next year	следующий год	来年
33	去年	chvning wang	last year	прошлый год	去年
34	春	nvmleum nvm	spring	весна	春
35	夏	mvgyu nvm	summer	лето	夏
36	秋	svdeu nvm	autumn	осень	秋
37	冬	rvngtong nvm	winter	зима	冬
38	月份	svla	month	месяц	月
39	星期、周	lvban	week	неделя	曜日
40	日、天	ni	day	день	日
41	今天	tvnni	today	сегодня	今日

序号	汉语	独龙语	英语	俄语	日语
42	明天	vsvng ni	tomorrow	завтра	明日
43	昨天	chvgya ni	yesterday	вчера	昨日
44	早晨	svrang	morning	утро	朝
45	晚上	vhreui	evening	вечер	晚
46	动物	sha ra	animal	животный	動物
47	虎	kang	tiger	тигр	虎
48	狮子	svceu	lion	лев	ライオン
49	熊	sheui	bear	медведь	熊
50	狼	zeuq	wolf	волк	おおがみ
51	狐狸	pvgui	fox	лисица	狐
52	鹿	shvwa	deer	олень	鹿
53	大象	rombuchi	elephant	слон	象
54	野猪	pvnvm	wild boar	кабан	イノシシ
55	猴子	vgoi	monkey	обезьяна	サル
56	兔子	rvgung	rabbit	заяц	兎
57	老鼠	deut	mouse	мышь	鼠
58	蛇	beu	snake	змей	蛇

序号	汉语	独龙语	英语	俄语	日语
59	龙	lung	dragon	дрокон	竜
60	鸟	pvchiq	bird	птица	鳥
61	燕子	chaibyeu	swallow	ласточка	燕
62	大雁	shagyiq	wild goose	дикий гусь	ヒシグイ
63	喜鹊	vme chacha	magpie	сорока	カササギ
64	乌鸦	tvngka	crow	ворона	鴉
65	老鹰	tvmeu	eagle	коршун	トビ
66	天鹅	kamla	swan	лебедь	白鳥
67	布谷鸟	kappom	cuckoo	кукушка	カッコウ
68	啄木鸟	shingkoq klang	woodpecker	дятел	キツツキ
69	鱼	ngvplaq, ngvchi	fish	рыба	魚
70	乌龟	chvkop	turtle	черепаха	亀
71	青蛙	nvng kreng	frog	лягушка	蛙
72	虾	sha	shrimp	рак	海老
73	虫子	bvling	insect	насекомые	虫

序号	汉语	独龙语	英语	俄语	日语
74	蜜蜂	kua	bee	пчёлы	ミツバチ
75	蝴蝶	bakuar	butterfly	бабочка	蝶々
76	蜻蜓	nvmtung tvma	dragonfly	стрекоза	とんぼ
77	苍蝇	brangnaq	fly	муха	蠅
78	蚊子	brasi，vjeul	mosquito	комар	蚊
79	蜘蛛	jan	spider	паук	蜘蛛
80	蚂蚱	kolang	locust	саранча	イナゴ
81	蚂蚁	svroq	ant	муравей	蟻
82	蟑螂	chvkyeng	cockroach	таракан	ナンキンムシ
83	蚯蚓	pvdvl	earthworm	дождевой червь	蚯蚓
84	牛	nung ngua	cow/ox	бык	牛
85	马	mvgeu	horse	лошадь	馬
86	羊	vchit	sheep/ goat	баран	羊
87	驴	chvkri	donkey	осел	ロバ
88	骆驼	loto	camel	верблюд	駱駝

序号	汉语	独龙语	英语	俄语	日语
89	猪	waq	pig	свинья	豚
90	鸡	kaq	chicken	кульца	鶏
91	鸭子	aq	duck	утка	鴨
92	鸽子	vhreu	pigeon	голубь	ハト
93	猫	vli	cat	кошка	猫
94	狗	dvgeui	dog	сопака	犬
95	毛	meul	fur	меха	毛
96	翅膀	kyer	wing	крылья	翼
97	皮子	peun	skin/ leather	кожа	皮
98	尾巴	michoq	tail	хвост	尻尾
99	角	dvreung	horn	рог	角
100	骨头	vngreu	bone	кость	骨
101	人	vsvng, vcvng	person	человек	人
102	身体	vnggeu	body	тело	身体
103	头	u, vpeq	head	голова	頭
104	头发	uni, unei	hair	волосы	髪の毛

序号	汉语	独龙语	英语	俄语	日语
105	额头	rendvng	forehead	лоб	おでこ
106	脸	mvr	face	лицо	顔
107	眉毛	mejeum	brow	бровь	眉毛
108	眼睛	meq	eye	глаз	目
109	鼻子	svna	nose	нос	鼻
110	嘴	neui	mouth	рот	口
111	牙	sa	tooth	зубы	歯
112	耳朵	vna	ear	ухо	耳
113	脖子	pvyong	neck	шея	首
114	肩膀	raq	shoulder	плечо	肩
115	腰	dvmching	waist	талия	腰
116	手	ur	hand	рука	手
117	指头	urhram	finger	палец	指
118	肚子	pvwa	stomach	живот	お腹
119	脚	hi，hrei	foot	ноги	足
120	心脏	rvmoq	heart	сердце	心臓
121	肝脏	pvshin	liver	печение	肝臓

序号	汉语	独龙语	英语	俄语	日语
122	肾脏	tvreq	kidney	почка	腎臓
123	肺	rvseu	lung	легкое	肺
124	胆	chvhri	gall	жёлчь	胆
125	肠	pvgyeu	intestines	кишка	腸
126	胃	nvpom	stomach	желудок	胃
127	血	sheui	blood	кровь	血
128	肉	sha	flesh	мясо	肉
129	汗	geur	sweat	пот	汗
130	泪	mepi	tear	слёзы	涙
131	爷爷	vkang	grandpa	дедушка	お爺さん
132	奶奶	vpi	grandma	бабушка	お婆さん
133	爸爸	vpei	father	папа	お父さん
134	妈妈	vmei	mother	мама	お母さん
135	丈夫	vng lvngla	husband	муж	旦那
136	妻子	vng pvma	wife	жена	妻
137	哥哥	ik pung	brother	старший брат	お兄さん

序号	汉语	独龙语	英语	俄语	日语
138	姐姐	ik nvng	sister	старшая сестра	お姉さん
139	弟弟	ik tin	brother	младший брат	弟
140	妹妹	ik nen	sister	младшая сестра	妹
141	儿子	vngchvl pei	son	сын	息子
142	女儿	vngchvl mei	daughter	дочь	娘
143	孙子	pvli	grandson	внук	孫
144	姑姑	vni	aunt	тетя	叔母
145	叔叔	vwvng	uncle	дядя	叔父
146	姨姨	vcheum	aunt	тетя	叔母
147	舅舅	vkeu	uncle	дядя	叔父
148	朋友	lambroq	friend	друг	友達
149	官	pon	official	чиновник	官吏
150	医生	mvnba	doctor	доктор	医者
151	教师	loseu	teacher	учитель	教師
152	职工	cvkung	clerk	персонал	職員

序号	汉语	独龙语	英语	俄语	日语
153	农民	nungming	farmer	крестьян	農民
154	学生	shosing	student	студент	学生
155	学校	shosha	school	школа	学校
156	食堂	vngza kei kyeum	dinning hall	столовая	食堂
157	商场	sangcang	department store	магазин	デパート
158	医院	mvnkyeum	hospital	больница	病院
159	房子	kyeum	house	дом	家
160	宾馆	pingkuan	hotel	отель	ホテル
161	门	pvngka	door	дверь	ドア
162	窗户	sungga	window	окно	窓
163	桌子	sara	table/desk	стол	テーブル
164	椅子	yiceu	chair	стул	椅子
165	碗	peur	bowl	чаша	碗
166	盘子	panceu	plate	тарелка	お皿
167	筷子	shong	chopsticks	палочки	お箸
168	勺子	tombu	spoon	ложка	スプン

序号	汉语	独龙语	英语	俄语	日语
169	羹匙	kvrung	spoon	ложка	レンゲ
170	饭	vngza	rice	рис	ご飯
171	菜	zvguaq	dish	овоши	野菜
172	面包	pvleq	bread	хлеб	パン
173	牛奶	nungngua nung	milk	молоко	牛乳
174	咖啡	kafei	coffee	кофе	コーヒー
175	茶	lacha	tea	чай	お茶
176	酒	neu	alcohol	вино	お酒
177	油	tvmvr	oil	масло	油
178	鸡蛋	kaleum	egg	яйцо	卵
179	米饭	vm vngza	rice	рис	ご飯
180	汽车	mvdo	car	машина	車
181	火车	hoce	train	поезд	汽車
182	飞机	nawa	plane	самолёт	飛行機
183	公交车	kungchoce	bus	автобус	バス
184	电话	tyehua	telephone	телефон	電話

序号	汉语	独龙语	英语	俄语	日语
185	道路	mvlong	road	дорога	道路
186	衣服	yoq，gyoq	clothes	одежда	洋服
187	鞋子	lvgru	shoe	туфли	靴
188	帽子	umoq	hat/cap	шляпа	帽子
189	上衣	temboq	coat	пальто	上着
190	裤子	nvmbu	pants/trousers	брюки	ズボン
191	裙子	chvgreup	dress	платье	スカート
192	价格	Vngpeu，kong	price	цена	値段
193	钱	ngul，ngun	money	деньги	お金
194	我	nga	I	я	私
195	你	na	you	ты	あなた
196	她/他	vng	she/he	он，она	彼女＊彼
197	我们	ing	we	мы	私たち
198	你们	nvning	you	вы	あなたたち
199	他们	vngning	they	они	彼ら
200	这	ya	this	это	これ

序号	汉语	独龙语	英语	俄语	日语
201	那	ko	that	то	それ，あれ
202	哪	vra	which	где	どれ
203	谁	vmi	who	кто	だれ
204	什么	vtvng	what	что	なに
205	多少	vdvng beum	how many/much	сколько	いくら
206	几个	vdvng lung	how many	несколько	いくつ
207	上	mvdvm do	up	наверху	上
208	下	pvng do	down	внизу	下
209	前	uzu, mvchvl	front	перед	前
210	后	teum	back	зади	後
211	中	vdung	middle	середина	中
212	里	vdung do	inside	внутри	中
213	外	kolap	outside	вне	外
214	好	gvm	good	хорошо	よい
215	坏	mvgvm	bad	плохо	悪い

序号	汉语	独龙语	英语	俄语	日语
216	快	vbra bra, kraq	quick/fast	быстро	速い
217	慢	nacei	slow	медленно	遅い
218	大	tei	big/large	большой	大きい
219	小	ching	small	маленький	小さい
220	高	mrvng	tall/high	высокий	高い
221	低	teui	low	низкий	低い
222	宽	vngpu tei	wide	широкий	広い
223	窄	vngpu ching	narrow	узкий	狭い
224	厚	tvt	thick	толстый	厚い
225	薄	baba	thin	тонкий	薄い
226	长	mrvng	long	долкий	長い
227	短	teui	short	короткий	短い
228	冷	zeung	cold	холодный	冷たい
229	暖	leum	warm	тёплый	暖かい
230	热	vkat	hot	горячий	熱い
231	新	vngsvr	new	новый	新しい

序号	汉语	独龙语	英语	俄语	日语
232	旧	vngcheq	old	старый	古い
233	直	svtu	straight	прямой	まっすぐ
234	红	pvsai	red	красный	赤
235	黄	guar	yellow	жёлтый	黄色
236	黑	naq	black	чёрный	黒
237	白	mong	white	белый	白
238	绿	pvshing	green	зелёный	緑
239	蓝	sitsit	blue	синий	青
240	说	greung	say	говорить	話す
241	叫	geuq	call	позвать	呼ぶ
242	喊	geuq	shout	кричать	叫ぶ
243	吃	kei	eat	есть	食べる
244	喝	ngaq, aq	drink	пить	飲む
245	看	gyvng, yvng	look/see	смотреть	見る
246	听	ta	listen/hear	слушать	聞く
247	闻（用鼻子）	pvnvm	smell	нюхать	嗅ぐ

序号	汉语	独龙语	英语	俄语	日语
248	做	wa	do	делать	やる
249	教	svlvp	teach	научить	教える
250	学	svlvp sheu	learn	учить	学ぶ
251	想	mit	think	думать	思う
252	抓	reup，ten	grasp	поймать	つかむ
253	拿、要	lu，braq	take	взять	取る、いる
254	拉	tvkeuq	drag	тянуть	引っ張る
255	推	tvgloq	pull	толкать	押す
256	抱	pom	hug	обниматься	抱く
257	打	svt	hit	бить	打つ
258	坐	rong	sit	сидеть	座る
259	站	rep	stand	стоять	立つ
260	踩	vjot，vjvl	step on	топтать	踏む
261	走	di	walk	итди	歩く
262	跑	vgyer，tor sheu	run	бегать	走る
263	抬	vgrvng，vpai	lift	поднимать	上げる

序号	汉语	独龙语	英语	俄语	日语
264	进	zvng sheu	enter	водить	入る
265	出	lai sheu	exit	выйти	出る
266	放	ro	put	положить	置く
267	洗	jvl，jvn	wash	стирать	洗う
268	擦	vngeut	wipe	тереть	拭く
269	挂	kyong	hang	висеть	掛ける
270	生气	svna sei	angry	сердиться	怒る
271	生	jat	birth	родиться	生む
272	死	shi	die	умирать	死ぬ
273	怕	pvreq	afraid	бояться	怖がる
274	忘	vmlo	forget	забыть	忘れる
275	知道	so	know	знать	知る
276	休息	rvna，tvna	rest	отдыхать	休む
277	睡	ip	sleep	спать	寝る
278	醒	vsat	wake	просыпаться	覚める
279	一	tiq	one	один	一
280	二	vni	two	два	二

序号	汉语	独龙语	英语	俄语	日语
281	三	vseum	three	три	三
282	四	vbli	four	четыре	四
283	五	pvnga	five	пять	五
284	六	kruq	six	шесть	六
285	七	svnyit	seven	семь	七
286	八	hyvt, shvt	eight	восемь	八
287	九	dvgeu	nine	девять	九
288	十	tisvl	ten	десять	十
289	二十	vni cvl	twenty	двадцать	二十
290	五十	pvnga cvl	fifity	пятьдесят	五十
291	百	tisha	hundred	сто	百
292	千	titu	thousand	тысяча	千
293	万	timeu	ten thousand	десять тысяч	万
294	亿	timeu meu	hundred million	сто милииoн	億
295	都	svnaq	all	совсем	すべて
296	很	teitei	very	очень	とても

序号	汉语	独龙语	英语	俄语	日语
297	非常	teitei	extremely	чрезвычайно	非常に
298	已经	toi	already	уже	すでに
299	马上	yvkei	at once	сразу	すぐに
300	然后	vya teum	then	потом	それで

独龙族节日

　　独龙族传统节日只有一个——"卡雀哇"，大意为年节。"卡雀哇"一般在农历的腊月，具体时间由各家族、村寨自己择定，历时 3～5 天不等。节日期间要举行隆重的祭天、祭神宗教活动。1991 年，贡山独龙族怒族自治县人大常委会，把每年的公历 1 月 10 日定为独龙族的"卡雀哇"节。2006 年 5 月，经国务院批准，该民俗节日被列入第一批国家级非物质文化遗产名录。

后　语

在我国 55 个少数民族的 366 句会话系列读本的编写过程中，我们得到了中国社会科学院有关领导、科研局，社会科学文献出版社的大力支持和关心，得到了民族同胞们的发音合作、口语资料的提供及协助整理调查。此外，中国社会科学院研究生院王晓明教授进行了英语口语翻译、栗瑞雪副教授进行了俄语口语翻译，中国社会科学院民族学与人类学研究所布日古德博士进行了日语口语翻译工作。特别是，该课题组成员和编辑人员的高度使命感、责任心和敬业态度及其精神使这一富有语言文化抢救、保护、传承、弘扬性质的民族语言口语知识课题得以按部就班地顺利实施，并按原定计划予以出版。我们真诚地希望，这一 55 个少数民族的 366 句会话读本，能够为我国民族语言文化的繁荣发展发挥应有作用，同时对我国民族语言文化知识的传承、传播，以及对外宣传我国民族语言文化保护政策起到积极的推

动作用。

在此，对关心民族语言文化事业的人们，以及为此付出辛勤劳动和心血的人们，再一次表示深深的谢意和最崇高的敬意！但愿，我们的这套丛书，能够留下我们共同度过的快乐的劳动时光，能够留下我们美好的心愿，能够留下这些弥足珍贵的人类语言知识和文化遗产。

Postscript

During the preparation of this series, we received a lot of support and encouragement from the leadership of the Chinese Academy of Social Sciences, the Research Bureau and the Social Sciences Academic Press. Our national compatriots also cooperated with us by helping us with the pronunciation of their ethnic minority language and the organization of oral materials. We want to thank Professor Wang Xiaoming of the Graduate School of the Chinese Academy of Social Sciences for the oral English translation and Associate Professor Li Ruixue, who also works in the Graduate School of the Chinese Academy of Social Sciences for the oral Russian translation. We are also grateful to Dr. Buri Gude, a researcher with the Chinese Academy of Social Sciences, for his oral Japanese translation. In particular, all the participants in this project showed a strong sense of commitment in completing the research and its publication success-fully. We sincerely hope that this collection of 366 sentences in 55 minority ethnic languages can play a role in promoting the flourishing and development of China's ethnic languages and cultures, and in the preservation and dissemination of our ethnic language heritage. We also hope that, it can be helpful toward allowing the international community to better understand China's policies for ethnic language preservation.

Here, we once again express our deep gratitude toward and the highest respect for the people who have been concerned about our nation's ethnic languages and cultures and working hard in this field. Finally, we hope this series can provide a record of the wonderful time we spent together working on this project, and of our best wishes for our nation's cultures. In the meantime, we hope it can preserve our precious human language knowledge and cultural heritage.

Заключение

Когда мы составляли эту серию《366 фраз диалогических речей по 55 национальностям Китая》, мы получили большую поддержку и заботу от руководителей АОН, от руководителей из научно – исследавательского бюро АОН, от руководителей из Издательства документов общественных наук. Мы ещё получили эффективное сотрудничесво по произношении и предоставлении разговорных информациях от товарищей национального меньшинства. В этой книге часть на английском языке переведена профессором Вань Саомин, часть на русском языке переведена профессором Су ЖуйЩей, часть на японскои языке переведена доктором Бургуде. Все наши работники прилежно работали с миссей и чувством и поэтому выполнили эту задачу во срок.

Надеемся на то, чтобы 《366 фраз диалогических речей по 55 национальностям Китая 》 могли играть достоинную роль в деле процветании и развитии национальных языковых культур нашей страны.

Хотим ещё раз благодарить всем, которые отдали свои усердный труд для этих книг, и выразить им наше глубокое уважение. Будем всегда запомнить такое прекрасное время, когда мы вместе работали над этими книгами. Желаем, приложив совместные усилия, чтоюы мы смогли сохранить эти драгоценные знания национальных языков и культурное наследство человечества.

あとがき

　55の少数民族の366句会話読本シリーズを編纂するにあたって、中国社会科学院・科研局・社会科学院文献出版社の関係各位から、多大な支持と関心が寄せられた。同時に、当該民族のインフォーマントの方々から、発音と口語資料整理につき、数々の御協力を得ることが出来た。さらに、中国社会科学院研究生院の王暁明教授に英訳、栗瑞雪副教授にロシア語訳、当院の民族学・人類学研究所の布日古德博士に日本語訳をお願いした。

　プロジェクトのメンバーと編集者は、出版にあたって、強い使命感と責任感をもって取り組んだが、そのためプロジェクトは順調に進み、計画通り出版されるに至った。

　この366句会話資料が、私達の国の民族言語文化の繁栄と発展に寄与すると同時に、民族言語文化知識

の伝承や民族言語文化の保護などの優れた民族政策を、対外的に宣伝する役割を果たすことを切実に願っている。最後に再び、言語文化事業に関心を寄せる人、またこの事業に心血を注いだ方々に、心からの謝意と敬意を払いたいと思う。この読本シリーズが出版されることにより、人類の貴重な言語知識と文化遺産が記録されるのは当然のこととして、さらに、私達が作業に励んだ楽しい時間や、なによりも私達の心からの願いが記録されることであろう。

图书在版编目（CIP）数据

独龙语366句会话句/李爱新，杨将领著. —北京：社会科学
文献出版社，2014.4
ISBN 978-7-5097-5587-7

I. ①独… II. ①李…②杨… III. ①独龙语-口语
IV. ①H265.94

中国版本图书馆 CIP 数据核字（2014）第 012454 号

独龙语366句会话句

著　　者／李爱新　杨将领

出 版 人／谢寿光
出 版 者／社会科学文献出版社
地　　址／北京市西城区北三环中路甲29号院3号楼华龙大厦
邮政编码／100029

责任部门／人文分社（010）59367215
电子信箱／renwen@ssap.cn
项目统筹／宋月华　范　迎
责任编辑／范　迎　王玉霞　梁　帆　张苏琴　胡　亮
责任印制／岳　阳
经　　销／社会科学文献出版社市场营销中心
　　　　　（010）59367081　59367089
读者服务／读者服务中心（010）59367028

印　　装／三河市尚艺印装有限公司
开　　本／889mm×1194mm　1/32　　印　张／6.25
版　　次／2014年4月第1版　　　　字　数／105千字
印　　次／2014年4月第1次印刷
书　　号／ISBN 978-7-5097-5587-7
定　　价／35.00元